Feminismo Desvirtuado

Estado feminista

Dr. Luis Anunziato

Dr. Luis Anunziato

ii

*Agradezco la colaboración de mi esposa, señora
Candelaria Hilda Lois.
Ambos dedicamos este libro a nuestros nietos.*

Índice

Dr. Luis Anunziato

x

Prólogo.

El objeto de este trabajo es realizar un breve repaso de los principales hechos del llamado *feminismo*, compilando los conceptos aportados por los autores que se mencionan en la bibliografía, ampliando y aclarando algunos puntos para el mejor entendimiento de un tema de interés social.

El término *feminismo* se utilizó por primera vez en Francia en la década de 1880 como *"féminisme"* y diez años más adelante ya se había extendido por diferentes países europeos, para alcanzar en la primera década del siglo XX el continente americano.

Recién avanzado el siglo XX se comienza a discutir el rol que la mujer posee en la sociedad, fundamentalmente debido a la incursión de los movimientos de grupos de mujeres que posteriormente serán llamados movimientos feministas.

El feminismo se puede definir como un conjunto de grupos cuyos objetivos principales son determinar y defender los derechos de la mujer, en cuanto a la igualdad social, educacional, económica, ciudadanía y en materia de empleo.

A lo largo de la historia, el rol de la mujer ha sido fundamentalmente restringido al cuidado familiar y la educación de los hijos.

La relación entre el hombre y la mujer se ve claramente en la familia y como estaban divididos los roles. La familia era como un pequeño reino, el padre era el que mandaba y delegaba en la mujer los ejercicios del gobierno de la casa, garantizando la posibilidad de la procreación y el cuidado de los hijos. Las actividades del hombre eran fuera del hogar, en el ámbito público y se encarga de la subsistencia de su familia. Los niños tenían una educación en tal sentido.

A pesar de sus diferencias con las feministas de primera y segunda ola, que pensaban en la igualdad con el hombre, como se manifiesta en el párrafo anterior, algunas las feministas de la tercera ola, comienzan a mencionar y postular la "ideología de género", "igualdad de género", etc. No tienen intenciones de pensar, hablar o escribir de sí mismas, de otras mujeres, o el estado de la sociedad en general, solo de su existencia y el llamado *"empoderamiento de la mujer"*.

La igualdad no es una afirmación sobre la identidad, ni sobre ciertas cualidades humanas, sino una proposición normativa de la forma en que *deben ser* tratadas dichas cualidades. Los seres humanos no son iguales y la igualdad al ser normativa descarta por definición cualquier ideario sexista.

Esta igualdad es un presupuesto incuestionable, y tal igualdad es condición imprescindible para la propia complementariedad entre ambos sexos.

Siempre en posición de contienda, las feministas de la tercera y cuarta ola, a pesar de ocupar presidencias de naciones, primeros ministerios, diputaciones, senadurías, ocupar cargos de alta responsabilidad en empresas privadas y estatales, imponen desde el *"lenguaje inclusivo"* hasta los llamados *"Cupos"*, dejando de lado que los cargos se deben obtener por concurso de oposición, y que lo deben ocupar los que tengan, hombres o mujeres, mayor conocimientos de la materia de que se trate, así como mayor aptitud y actitud.

Pero hay que agregar que las aspiraciones legítimas y laudables de las primeras mujeres que reclamaban igualdad, se vieron desvirtuadas. Este hecho debido a que las mujeres feministas radicales que mediante acciones políticas desmedidas y solo enfocadas en su propio "*empoderamiento*", buscando llegar a integrar un "*Estado Feminista*", han perdido de vista el bien común. Conceoto vital para poder llegar a tener una sociedad en completo estado bienestar físico, mental y social, en todas las actividades de la vida, familia, trabajo y sociedad.

Dr. Luis Anunziato.
Doctor en Medicina
Médico Legista
Médico del Trabajo

Dr. Luis Anunziato

Capítulo 1.

1.1.- La mujer en la edad antigua y medieval.

En Grecia, los escritos de Platón, Aristóteles e Hipócrates hablan de un solo género, el humano, se establecía la diferencia sexual: hombres y mujeres tenían en común su naturaleza, pero diferían entre sí porque desarrollaban relaciones y funciones sociales muy distintas. También Gomez (2004) cita a Platón, en su diálogo Timeo, diciendo que: *"El hombre fue creado primero. La mujer fue el vástago de aquellos hombres que fueron cobardes o llevaron mala vida... Las mujeres venían al mundo por una especie de mutación degenerativa: las almas de los varones cobardes se encarnaban después de la muerte en mujeres. Las mujeres eran así, hombres disminuidos, degenerados, eran género humano anthropoide, pero imperfecto".*

Para Aristóteles, la mujer junto con los esclavos; son inferiores al hombre, tienen incapacidad política de ciudadanía, su imposibilidad ética y legal en la administración de sus propios bienes; quedando relegada al ámbito doméstico donde reina sobre esclavos y niños.

Galeno, médico y filósofo, afirmaba: *"...la clase humana es la más perfecta entre los animales, dentro de la especie humana, el hombre es más perfecto que la mujer y la razón de esta perfección es su exceso de calor vital, porque el calor es el instrumento primario de la naturaleza"* (Gómez - 2004).

Pero en Grecia hubo mujeres que se oponían al pensamiento de la época, como Aspacia de Mileto, Safo e Hipatia de Alejandría. (Núñez Valdés y Rodríguez Arévalo - 2011)

La Edad Media o Medievo es el período histórico de la civilización occidental comprendido entre el año 476, el año de la caída del Imperio Romano de Occidente, y su final en 1492, año en el que Colón llegó a América.

El concepto e imagen de la mujer en este periodo, es un concepto generado a partir de la intervención de la Iglesia, apoyada por autores de distintas ramas del conocimiento, era el de "buena mujer" y la "mala mujer o mujer pecadora". Eva y María, dos versiones opuestas de la mujer, aceptado por una sociedad religiosa, que era una característica de este periodo. Las mujeres deben vestir de forma decente, recatada y modesta, deben escuchar en silencio, ser sumisas y no deben tener autoridad sobre el marido. (Corleto OAR - 2006)

La mujer era considerada más débil y con tendencia a pecar, razón por la cual debía estar muy controlada, así se evitaría que su naturaleza se impusiera. Este control sería ejercido por el padre, y después el marido. La Iglesia se encargó de realizar una serie de consejos y recomendaciones, para que la mujer supiera cuál era el comportamiento más adecuado para ella, tanto en el ámbito público como en el privado.

En las casas medievales, burguesas o nobles, había unas zonas destinadas a la mujer y sus actividades, áreas llamadas "gineceos" o también alcobas. El dormitorio pertenecía a tal área y, en ocasiones, tenían especies de capillas, donde podía haber un reclinatorio para rezar, servían como refugio y oración.

Las mujeres no podían salir o entrar de su casa cuando lo deseaban, el único sitio al que podían acudir sin ser censuradas era la iglesia, pero no en periodo menstrual, pues era la expresión de su impureza. (Díaz de Rábano Hernández - 1992)

El matrimonio es uno de los sacramentos considerados más importantes, y a la Familia Real, nobleza y aristocracia, se les permitía sellar alianzas con el vínculo matrimonial. En los siglos XII y XIII, el matrimonio en toda Europa, se realizaba en tres pasos fundamentales: el consentimiento de la pareja, los esponsales y el rito nupcial en la iglesia. El matrimonio era un sacramento de gracia y su disolución solo se producía por la muerte. (Dillard - 1993)

El consentimiento de la pareja era algo muy importante, principalmente para las mujeres, pues no tenían la misma libertad que los hombres para elegir en el matrimonio. En el *Fuero Juzgo*, el padre era quien daba el consentimiento para el matrimonio de su hija, en el caso de ser huérfana era su madre. Si ésta se había vuelto a casar, la autoridad pasaba a sus hermanos mayores de edad y después a un tío, o al tío directamente si los hermanos eran menores, aunque se entendiera que la validez del matrimonio provenía del consentimiento de la pareja, basado en la teología religiosa a partir del siglo XII.

Respecto al trabajo, las mujeres que pertenecen a grupos sociales bajos, de pequeños comerciantes, artesanos y campesinos, además de encargarse de las labores del hogar, podían ayudar en el trabajo de sus maridos. (Segura Graíño - 1988)

Por el Registro de Alcabalas de la Corona de Castilla se conoce que las mujeres podían desempañar oficios. Así se desempeñaron como tenderas, panaderas, curtidoras, zapateras, calceteras, silleras, trovadoras, campesinas, monjas y prostitutas.

Las mujeres que recibían educación y eran realmente cultas e intelectuales, fueron las monjas, que tenían acceso a una educación elevada. Los conventos mantuvieron esta capacidad de aprendizaje hasta que en el siglo XII, que se empezaron a construir escuelas y universidades, las cuales estaban veladas para mujeres.

Para las mujeres que no eran monjas o que no estaban recluidas en un convento, recién en el siglo XIII se empiezan a escribir obras didácticas para la formación y el comportamiento de la mujer, enfocados principalmente para las mujeres de la aristocracia, aprender: modales, leer, escribir, cetrería, jugar al ajedrez, relatar historias, cantar y tocar instrumentos.

Las niñas que pertenecían a clases bajas, familias obreras, el acceso a la enseñanza era limitado, lo que aprendían, por norma general, era un oficio, ya fuera junto a sus padres o en un taller. Lo mismo que ocurría con las niñas de familias campesinas o de servicio doméstico, que no aprendían ni lo más básico, porque no era necesario, puesto que lo que necesitaban era conocer un oficio al que dedicarse el resto de su vida. En ellas, no se buscaba que una mujer fuese inteligente, lo importante era que tuviera los conocimientos necesarios para dirigir una casa, supiera comportarse, pudiera leer y conocer las oraciones, etc. (Corleto - 2006)

1.2.- La mujer en la edad moderna.

Llegada la Edad Moderna siglos XV a XVIII, comprende desde el descubrimiento de América por Colón en 1492 hasta la revolución francesa en 1789, es la época en que se admira el gran desarrollo de la inteligencia humana.

En el siglo XIV se produce un amplio movimiento cultural en Europa, llamado el Renacimiento. El origen del Renacimiento es en Italia, llegando a su apogeo al iniciarse el siglo XVI, la característica principal de este movimiento es que las artes, la ciencia y las letras, junto con la percepción de los gustos italianos, se generalizan por toda Europa.

Mientras el hombre de la Edad Media había situado a Dios en el centro de su Universo y considerado la existencia terrena como una estación de paso para conquistar la vida eterna, el hombre del Renacimiento cambia la esencia de los valores y se coloca en el centro de un mundo, que considera digno de ser vivido. De esta nueva valoración del hombre nace el humanismo, cuyo pensamiento y característica del mismo, es el ser humano centro de todas las cosas, Antropocentrismo, con diferencia del pensamiento medieval donde Dios es el centro de todas las cosas, teocentrismo.

En la edad moderna la mujer continua relegada y surgen los discursos sobre el ideal perfecto de la mujer, como "*La perfecta casada*" (1584) de Fray Luis de León, dirigida a su prima Doña María Varela Osorio en ocasión de su boda, establece los deberes y atributos de la mujer casada en las relaciones de familia y el amor a Dios, al inicio dice:

"*Este nuevo estado en que Dios ha puesto a vuestra merced, subjectándola a las leyes del*

Sancto Matrimonio, aunque es como camino real, más abierto y menos trabajoso que otros, pero no carece de sus dificultades y malos pasos, y es camino adonde se tropieza también, y se peligra y yerra, y que tiene necesidad de guía como los demás. Porque el servir al marido, y el gobernar la familia, y la crianza de los hijos, y la cuenta que juntamente con esto se debe al temor de Dios y a la guarda y limpieza de la consciencia, todo lo cual pertenece al estado y oficio de la mujer casada, obras son que cada una por sí pide mucho cuidado, y que todas ellas juntas no se pueden cumplir sin favor particular del cielo...".

La escasa educación de la mujer la llevó a involucrarse en herejías, como la originada por Guillermine de Bohemia (1210-1281) mística que se instaló en Milán entre 1260 y 1271. Afirmaba que la redención de Cristo no había alcanzado a la mujer, y que Eva aún no había sido salvada. Creó una secta de mujeres a la que acudían mujeres de toda clase social. Desarrollo un culto esencialmente femenino, pero sobre la naturaleza y la posición social de la mujer era muy confusa, pero confería un escape emocional, que difícilmente podían encontrar en otro espacio público. La secta fue denunciada a comienzos del siglo XIV y sus discípulas, las *guillelmitas*, que consideraban que Guillemine era la encarnación femenina del Espíritu Santo, fueron eliminadas por la inquisición. (Rowbotham - 1978)

1.2.1.- Antecedentes del feminismo.

Desde los orígenes de la historia las mujeres, en forma individual o en pequeños grupos, se han quejado de su situación de dependencia, pero a fines del siglo XVI y en el XVII comenzaban a escucharse voces que consideraban necesario la instrucción intelectual en el sexo femenino, ligados al movimiento imperante de la época: el humanismo, como:

Fray Antonio de Guevara, escritor de un enorme éxito en Europa en el siglo XVI, dice:

"A mi parecer, gran crueldad es la de los bárbaros tener como tienen a sus mugeres por esclavas, pero muy mayor liviandad es la de los romanos tener como las tienen por señoras. Las carnes ni han de ser tan flacas que pongan hastío, ni han de ser tan gruessas que empalaguen, sino entreveradas para que den sabor. Quiero dezir que el varón cuerdo a su muger ni la enfrene tanto que parezca sierva, ni la desenfrene tanto que se alce por señora; porque de consentir a sus mugeres los maridos que manden mucho, se sigue después que ellas tengan a ellos en poco". (Rowbotham - 1978)

En el mismo sentido, Juan Luis Vives fue uno de los principales filósofos y humanistas españoles del siglo XVI. Vives de cara a la educación de la princesa María, y pensando en la reina Catalina, compuso *"La instrucción de la mujer cristiana"* (De Institutione Feminae Christianae), publicada por primera vez en 1524 en Amberes y dice:

"La santidad de tus costumbres y el entusiasmo que tu espíritu muestra hacia los estudios sagrados me impulsan a escribirte algunas normas sobre la educación de la mujer cristiana, tema tan necesario como el que más, pero del que nadie se ha ocupado hasta nuestros días aunque la diversidad y abundancia de genios y escritores es enorme. En efecto, ¿qué cosa hay tan necesaria como instruir en la virtud los espíritus de aquéllas que son nuestras compañeras inseparables en cualquier trance de la vida? La benevolencia permanece segura entre las personas buenas, en cambio no es duradera

entre las malas. No sin motivo dice Aristóteles que aquellas ciudades en las que se presta poca atención a la instrucción de las mujeres se ven privadas de una considerable parcela de su felicidad". (Vives - 1524)

A comienzos del siglo XVII damas de la alta nobleza se encargan de fundar instituciones dedicadas a instruir a niñas, que se realizaba en escuelas, la casa, el convento o internados laicos.

Zambrano (1940) cuenta cómo en el Renacimiento, la enemistad que se había impuesto entre los hombres y las mujeres a lo largo de la historia, con especial énfasis en la Edad Media, comienza a desaparecer lentamente.

En el siglo XVII, Dios se encontraba permanentemente en las mentes de hombres y mujeres, en el siglo XVIII, se produce el impulso y defensa por la separación entre la doctrina del Estado, la política, *lo público* y la doctrina religiosa, es decir, *lo privado*.

Esto crea un terreno perfecto para la conversación, dotada de un espíritu crítico, junto con el valor de saber escuchar. Surgen los salones para la literatura, el teatro, la música, la danza, como el principio del camino hacia la igualdad entre el hombre y la mujer con intereses comunes.

Estos nuevos espacios de sociabilidad tuvieron su precedente en el siglo XVII en el Hotel de Rambouillet, propiedad de la marquesa de Rambouillet, que reunía en su casa a la élite social e intelectual francesa de la época, así funda el primer salón en París. [1]

---

[1] Catherine de Vivonne, marquesa de Rambouillet, fue hija de una mujer italiana perteneciente a la familia Savelli y del diplomático francés, de origen italiano, el Marqués Jean Vivonne de Pisani. Se casa a los 12 años de edad, con Charles D´Angennes, que en 1611 es proclamado Marques de Rambouillet. Tuvieron 7 hijos.

De esta forma, se favoreció la aparición de tertulias, salones, tabernas o cafés, nuevas esferas de relación humana donde hombres y mujeres, que se reúnen teniendo entre sí un trato de igualdad intelectual, para intercambiar ideas, expresar sus inquietudes o simplemente charlar sobre todo tipo de asuntos.

Lo novedoso del salón de la marquesa de Rambouillet, es que resultó ser el primero en dar mayor peso y autoridad a las mujeres, de modo que la marquesa coordinaba a un grupo de jóvenes francesas de la aristocracia, llamadas *"preciosas"*, que se dedicaban al cultivo del espíritu.

El Hotel Rambouillet se erigía en el lugar donde actualmente se encuentra el Palais Royal, que ya presidido por la duquesa de Chartres fue testigo de las primeras reuniones revolucionarias y algunos incipientes levantamientos antimonárquicos. A mitad del siglo XVIII todas las capitales europeas podían disfrutar de un salón literario.

"Las Preciosas" fueron las jóvenes asistentes a salones, como el de la marquesa de Rambouillet, las cuales contribuyeron a la implantación de un nuevo tipo de vida social y cultural de asistencia a salones literarios. *"Las Preciosas"* tenían una buena educación intelectual y se dedicaban al cultivo del espíritu, en una época en la que aún no estaba bien visto que las mujeres tuviesen acceso al conocimiento sin pertenecer al clero.

François Poullain de La Barre (1647-1725) fue un escritor, sacerdote, filósofo cartesiano francés y precursor del feminismo. De él dice Amorós (1990) que su texto, publicado en pleno auge del movimiento de la preciosas, en 1673 titulado *"Sobre la igualdad de los sexos"*, menciona que el feminismo es un cuerpo coherente de vindicaciones y como proyecto político capaz de constituir un sujeto revolucionario colectivo, sólo puede articularse teóricamente a partir de premisas que afirman que todos los hombres nacen libres e iguales y, por tanto, con los mismos derechos. (Poullain de la Barre - 1673)

Capítulo 2.

2.1.- Feminismo moderno. Primera ola del feminismo.

El período que abarca desde el descubrimiento de América (1492) hasta la Revolución Francesa (1789) corresponde a la Edad Moderna.

En esta época se encontraron Eurasia y África, con el nuevo mundo, América. También la exploración Europea de Australia, produjo acontecimientos culturales y filosóficos de suma importancia.

Se sientan las bases del capitalismo, la burguesía, las entidades políticas, la nación y en el Estado. Existen intentos aislados en que la mujer asume un protagonismo con el propósito de igualar al hombre, hasta que en el siglo XVIII se inicia la llamada *"Primera Ola del Feminismo"*, que se extenderá hasta mediados del siglo XIX.

Puede considerarse que la génesis del feminismo se encuentra en los pensadores de la Edad Moderna, que afirmaban que la verdad solo se podía descubrir mediante una investigación libre y razonada, que había que eliminar todo obstáculo para el descubrimiento de la verdad. Consideraban que el ser humano era una criatura racional, al que hay que instruir y luego al investigar conforme a la razón llegaría a la verdad.

El origen del feminismo teórico tiene que buscarse en la Ilustración del siglo XVIII, momento histórico en el que se defiende la igualdad, la supresión de los privilegios de nacimiento, la autonomía de los sujetos y los derechos de la persona.

Este feminismo recoge el legado universalista de la Ilustración y lo va a erigir en una de sus bases teóricas. La apelación a la justicia y al principio de igualdad, serían fundamentales en el feminismo liberal. Toman la igualdad como un derecho natural, por tanto universal, y la afirmación de los derechos individuales, fueron los principios claves del sufragismo norteamericano, junto con el reconocimiento de la ciudadanía y el derecho a la educación.

En los tiempos modernos la familia continúa bajo *el dominio, protección y dependencia del varón,* el *pater,* con hogares donde conviven varias generaciones unidas por lazos de parentesco e intereses económicos, que será paulatinamente sustituida por la familia nuclear y el aumento de hogares solitarios. [2]

En la Edad Moderna la situación de la mujer se mantiene como en la época anterior. Las mujeres se vieron condicionadas por el discurso eclesiástico. La sexualidad pasó a ser el eje definitorio de la consideración femenina y el papel principal de la mujer: ser madre.

Con respecto a la educación de la mujer, existía disparidad entre los autores. Algunos defendían criterios biológicos la discapacidad intelectual de las mujeres, basándose en la teoría aristotélica de los cuatro humores: las mujeres son frías y

---

[2] **Familia nuclear**. Formada por el padre, la madre y los hijos, es la típica familia clásica.

húmedas, y por tanto emocionales; los hombres calientes y secos, es decir, racionales.

2.1.1.- Pensamiento de algunos filósofos.

El método cartesiano, o la "*duda metódica*", es el esfuerzo por ofrecer autonomía al entendimiento frente a los sentidos y la imaginación. Pero la razón es una y siempre la misma independientemente del tipo de objetos que conozcamos con ella. Es tarea del entendimiento hallar las verdades evidentes y primeras, que van a servir de base para la construcción del conocimiento humano. La duda metódica pretende erigirse en modo de hallar la certeza y, dentro de ella, la certeza absoluta: el sujeto pensante. Dicho sujeto se convertirá, de inmediato, en el primer principio del conocimiento. Esta verdad indubitable, a la que se llamó "*cogito*", será el primer principio de la filosofía. "*Yo dudo, yo pienso, aunque no sepa si lo que pienso es cierto, ésta es la primera verdad indudable*". [3]

La influencia de Descartes y su pensamiento se extiende hasta la ilustración tuvo gran influencia sobre los procesos sociales y políticos de Europa y América hasta el siglo XIX.

Este movimiento es conocido también como "iluminismo" porque consideraba que la razón era la luz que iluminaría el conocimiento humano, sin prejuicios ni dogmatismos, y sometida a una autocrítica permanente. Por esta razón, el siglo XVIII suele ser llamado el "*Siglo de las Luces*", la razón se convierte en el motor del progreso humano.

Se denomina iluminismo al movimiento cultural, político, jurídico que se desarrolló en Europa durante el siglo XVIII. Tuvo su filiación doctrinal en el renacimiento y en el humanismo, movimientos europeos de los siglos XV, XVI y XVII y en las corrientes racionalistas y empiristas del siglo XVII.

---

[3] René Descarte (Renatus Cartesius - 1596-1650) Considerado el primer filósofo de la edad moderna, por plantear algunos de los interrogantes que surgen entre el paso de las visiones medievales y las modernas.

Como antecedente, en el siglo XVII surge en Gran Bretaña una corriente filosófica en la búsqueda de superar la oposición del orden jurídico feudal, el libre desarrollo de la economía. Lucha que la burguesía sostenía con la nobleza y la Iglesia, queriendo acceder al control político del Estado, llamada "*Liberalismo*".

El liberalismo era una concepción según la cual el estado natural de los individuos era la libertad, se considera a la razón como instrumento y la igualdad como principio, estas ideas le brindarían a las luchas feministas los principales soportes discursivos de sus demandas.

El liberalismo sostuvo que el único sistema político legítimo, es aquel en donde los seres humanos eligen libremente a sus representantes, donde todos los individuos son libres e iguales. La única coerción posible a esa libertad, sería la que uno se impondría a sí mismo, al aceptar el poder que es legítimamente elegido. (Canterla - 2006)

Numerosos conflictos terminan sentando las bases de una nueva forma de pensamiento igualitario, individualista y liberal que se extiende a toda Europa.

El liberalismo funda la dualidad de "*lo público y lo privado*", asignándole a la mujer el reino del hogar, donde era supervisada por su marido.

En este contexto se comienza a discutir la necesidad de erradicar el prejuicio de la inferioridad de las mujeres.

El impulso lo producen filósofos como John Locke (1632-1704) considerado el primer teórico del liberalismo, sostenía todo gobierno surge de un contrato entre individuos, con el propósito de proteger la vida, la libertad y la propiedad de las personas. El firmante tiene el derecho de retirar su confianza al gobernante y rebelarse cuando éste no cumple con su función.

Locke distingue cinco tipos de autoridad legítima: (Várnagy - 2000)

1) La de quien gobierna sobre sus súbditos (autoridad política)
2) La de un padre sobre sus hijos;
3) La de un marido sobre su mujer;
4) La de un amo sobre sus sirvientes; y
5) La de un dueño de esclavos sobre los mismos.

Una postura similar a John Locke mantiene Immanuel Kant (1724-1804) al afirmar: *"Ahora bien: aquel que tiene derecho a voto en esta legislación se llama ciudadano (citoyen, esto es, ciudadano del Estado, no ciudadano de la ciudad, bourgeois). La única cualidad exigida para ello, aparte de la cualidad natural (no ser niño, ni mujer), es ésta: que uno sea su propio señor (sui iuris) y, por lo tanto, que tenga alguna propiedad, incluyendo en este concepto toda habilidad, oficio, arte o ciencia que le mantenga"*. (Pérez Jaime y Amadeo - 2000)

Para Kant la mujer no tiene capacidad de reconocer lo bueno o lo malo, por lo tanto, debe tener un tutor que la controle y le diga lo que debe hacer. Sobre la virtud del entendimiento dice: *"...las mujeres tienen comprensión rápida, pero infundada. Lo propio de la mujer no es saber, sino estar enterada de lo que el varón sabe..."*. (Kant - 1978)

En igual forma Jean-Jacques Rousseau (1712-1778) que dice: *"Si para el individuo varón, el sujeto político del contrato, el círculo se inicia en el estado de naturaleza para culminar en el ingreso al orden político después de su educación como hombre y ciudadano, para la mujer el estado de naturaleza, única libertad que conocerá como hembra errante, da lugar a la reclusión doméstica que no ha de abandonar ya. Durante el estado pre-social"*. (Ciriza - 2000)

Otros filósofos y también mujeres, que impulsaban la igualdad con el hombre, participaron activamente con sus escritos, a favor de la aplicación de los principios igualitarios ilustrados en las mujeres, así:

Cavana (1991) refiere de Theodor Gottlieb Von Hippel (1741-1796) escritor alemán, que en su obra sobre *"El mejoramiento de la mujer"* (1792) dice: *"Al comienzo del libro comenta Hippel esta triste situación de las mujeres y critica la*

Revolución Francesa que no ha aportado nada a la igualdad jurídica de las mujeres". Además, afirmaba que el talento de la mujer era igual al del hombre, y que no es solamente descuidado, sino deliberadamente reprimido. Este autor plantea la participación plena de las mujeres en la vida política. Considera, que si bien es cierto que la naturaleza jugó un papel al comienzo de la civilización para mantener a la mujer en la casa, dedicada al hogar y a los niños, ya no tiene sentido, y no hay ninguna razón para justificar la opresión; hace *"...falta una dosis de demencia para ser indiferente y estar satisfecho con el estado de humillación al que se ven sometidas las mujeres"* (Pérez - 2007). De la misma manera, fue crítico con la Revolución Francesa, en su opinión, la constitución de este país ignoraba y excluía a la mitad de la nación: a la mitad femenina. Todos los seres humanos tienen, según él, los mismos derechos, y tanto varones como mujeres tienen que ser libres y ciudadanos. (Beltrán y Maqueira - 2005)

Mary Wollstonecraft (1759-1797) escritora y filósofa inglesa. En 1790 escribe *"Vindicación de los derechos del hombre"* donde realiza una crítica a la sociedad de su época y a la visión del mundo y las relaciones sociales centrada en el punto de vista masculino. En el año 1792 *"Vindicación de los derechos de la mujer"* presenta una propuesta de igualdad entre hombres y mujeres a través de la educación y de la reforma de la legislación.

Mary Wollstonecraft favorece el desarrollo del proceso liberal y lo hace visible, rechaza y ataca la aversión a las mujeres. Sostenía que la emancipación proviene de la libertad de la razón, defendía la independencia económica de las mujeres, la participación de la mujer en la vida política y proponía una reforma en la educación para garantizar la enseñanza gratuita e igualitaria para ambos sexos. En este sentido era crítica del papel secundario en educación que Rousseau reservaba para las mujeres, quienes, según él, debían ser educadas para permanecer en el hogar cuidando de los hijos.

Olympe de Gouges, seudónimo de Marie Gouze (1748-1793) escritora, dramaturga y filósofa política francesa, en 1791 publica un audaz manifiesto: *"La Declaración de los derechos de la mujer y la ciudadana"*, ante la no inclusión de la mujer en la *"Declaración de los Derechos del Hombre y del Ciudadano"* de 1789.

En el primer artículo de la *Declaración de los derechos de la mujer y de la ciudadana*, dice que la mujer nace libre y permanece libre e igual al hombre en derechos.

En el segundo afirma que toda sociedad política tiene como finalidad *"...la conservación de los derechos naturales e imprescindibles de la mujer y del hombre. Estos derechos son: la libertad, la propiedad, la seguridad y sobre todo la resistencia a la opresión"*. (Evans - 1980)

Olimpe de Gouges denunció y criticó esta situación de injusticia en numerosos escritos, fundó la *"Societé populaire des femmes"* y en nombre de todas las mujeres exigió a la Asamblea General, los mismos derechos que los hombres...fue encarcelada por orden de Robespierre [4] en 1793 guillotinada, a partir de ese momento los clubes de mujeres fueron cerrados por los jacobinos en 1793 y en 1794 se prohibió explícitamente la presencia de mujeres en cualquier tipo de actividad política. Las que se habían conocido por su participación política, fuese cual fuese su adscripción ideológica, compartieron el mismo final: la guillotina o el exilio.

Marie-Jean-Antoine Nicolas de Caritat, marqués de Condorcet, (1743-1794) filósofo y político francés, conocido como Condorcet, reclamó la participación de las mujeres en la elección de los representantes, igual educación y acceso a funciones públicas. En su obra *"Bosquejo de un cuadro histórico de los progresos del espíritu humano"*, se alineó con entusiasmo al feminismo. Según él, los principios democráticos requieren de la extensión de los derechos políticos, como el

---

[4] Maximilien François Marie Isidore de Robespierre (1758-1794) más conocido como Maximilien Robespierre o Maximiliano Robespierre, fue un abogado, escritor, orador y político francés.

derecho al voto y el derecho de las mujeres a elegir, y a ser elegidas. Su ideología es coherente con la Ilustración: a igual naturaleza, iguales derechos.

En general los pensadores rechazan la tesis que la revelación procedente de Dios como la única fuente del conocimiento. Sostienen que la verdad únicamente se podía hallar mediante una investigación libre, razonada y que había que eliminar todo obstáculo para el descubrimiento de la verdad.

2.2.- La mujer en la Revolución Francesa.

2.2.1.- Introducción.

La Revolución francesa (1789 – 1799) fue un conflicto social y político, marcó el inicio de la Edad Contemporánea.

La Ilustración sirvió de impulso a las trece colonias norteamericanas para su independencia, y tanto la influencia de la Ilustración como el ejemplo de los Estados Unidos, fue el impulso ideológico para el inicio de la revolución en Francia.

Con las ideas de la ilustración, liberal y de la Revolución Francesa con la síntesis de *"Libertad, Igualdad y Fraternidad"*, comienza la lucha de la mujer a tener una finalidad precisa.

La influencia de los pensamientos de Rousseau en sus lectores fue de suma importancia, que hace que se identifiquen en ideas y sentimientos. Robespierre no fue ajeno a esto y lo interpretó como una guía a seguir, aún en sus decisiones más crueles. En la elaboración de su utopía, Rousseau y también de Robespierre, cuenta con un componente necesario de dominación como condición de posibilidad de dicha utopía. (Darnton - 2006)

Con respecto a la mujer, a Rousseau le resulta cómodo el apelar a la "naturaleza" para justificar la autoridad del hombre dentro de la esfera familiar, en tal forma hacer valer su voluntad particular entre sus miembros. La subordinación de la mujer es transversal a toda la obra filosófica de Rousseau. La podemos encontrar en el libro V del Emilio. (Rousseau - 1762)

De acuerdo con Rousseau, los roles del género están determinados por la naturaleza. A la mujer le obliga a amar al hombre, y también a servirle. Ve a la mujer como un camino a la perdición para los hombres, como una fuente constante de tentaciones, vicios y falta de templanza. (Rousseau - 1984)

Con Engels[5], en "*El origen de la familia, la propiedad privada y el Estado* (1884), la mujer se ve alejada de la propiedad privada y marginada del trabajo productivo, y con Rousseau relegada al hogar y lo privado.

La Revolución francesa prometía una transformación social, que las relaciones sociales y culturales tendrían una conducta y hábitos dentro de la moralidad, que se abandonarían los hábitos reprobables, tanto en sociedad como en familia, esto dio lugar a un feminismo nuevo y a un nuevo antifeminismo.

2.2.2.- Papel de las mujeres en Revolución Francesa.

No se ha dado la suficiente importancia al papel de la mujer en el proceso revolucionario francés.

Cuando se habla de los clubes patrióticos, integrados por hombres militantes revolucionarios, generalmente se menciona el *club des Jacobins,* el *club des Cordeliers* y en el *club des Feuillants.* Pero en general no se menciona que entre 1789 y 1793 quedaron censados 56 (cincuenta y seis) clubes

---

[5] Friedrich Engels (1820-1895) filósofo, politólogo, sociólogo, antropólogo, historiador, periodista, y teórico revolucionario comunista y socialista alemán.

patrióticos republicanos femeninos activos. Estos clubes estaban compuestos por mujeres militantes populares: comerciantes y obreras.

La violencia en los hechos de la Revolución Francesa, con participación de las mujeres en todos ellos, queda reflejada en un instrumento de muerte, la guillotina.

Solo se mencionan algunos de los hechos de extremada violencia, que se producen desde el inicio de la Revolución Francesa.

Las malas cosechas, que provocaban graves problemas de subsistencia y descontento, con el agregado de tomar conocimiento que el rey estaba movilizando tropas preparando una brutal represión, produjo indignación y furia en la población de París. En este estado de ánimo general y con el rumor que en el Hotel de los Inválidos, un hospital militar al oeste de la ciudad, se habían depositado 30.000 fusiles, un mortero y 12 cañones, hace que una importante cantidad de hombres y mujeres se apodere del hospital y el armamento el 14 de julio de 1789, iniciando la Revolución, sin que las fuerzas acantonadas en el lugar se resistieran.

A continuación se dirigieron a la Bastilla. Los soldados desde las torres, disparaban a discreción intentando disuadir a los miles de hombres y mujeres que poco a poco se arremolinaban alrededor de la prisión. Pero cuando dos pelotones de infantería y algunos burgueses arrastraron hasta su portón principal cinco cañones de artillería, se sumaron a los insurrectos, el gobernador de La Bastilla, Bernard René Jordan de Launay, no tuvo otra opción que capitular y ordenó a su tropa que bajara el puente levadizo. El pueblo ingresó a la cárcel, se apoderó de armas y pólvora, acribillaron a los soldados que custodiaban La Bastilla y comenzaron a demoler la prisión.

El gobernador Launay debía ser trasladado al Hotel de Ville para ser juzgado, pero los hombres y mujeres que lo hacían, al ver por el suelo cerca de un centenar de compañeros muertos y a otros tantos heridos, terminan decapitándolo.

El periódico *l'Ami du peuple*[6], en las jornadas de los días 5 y 6 de octubre de 1789 hace un llamado a la insurrección, como respuesta varios centenares de mujeres emprendieron desde Paris la marcha sobre Versalles con tal éxito que durante la noche, contagiados por el entusiasmo de las mujeres, se les unieron los hombres de La Fayette[7] y la Guardia Nacional Parisina.

En recuerdo de este acontecimiento se levantaría en Paris un arco de triunfo, en honor de aquellas mujeres declaradas *"heroínas de la Revolución"*, teniendo lugar su inauguración el 10 de agosto de 1793 dentro de los actos conmemorativos para celebrar el primer aniversario de la desaparición de la monarquía.

En la Revolución Francesa existe no sólo el fuerte protagonismo de las mujeres en los sucesos revolucionarios, sino la aparición de las más contundentes demandas de igualdad. Sin embargo, pronto se comprobó que una cosa era que la República agradeciese y condecorase a las mujeres por los servicios prestados y otra que estuviera dispuesta a reconocerles otra función que no fuese la de madres y esposas de los ciudadanos.

2.2.3.- Derrota del feminismo.

La Revolución Francesa ocasionó una amarga, y seguramente inesperada derrota para el feminismo. Los clubes de mujeres fueron cerrados por los jacobinos en 1793, y en

---

[6] *l'Ami du peuple* (El amigo del pueblo) periódico político del siglo XVIII y durante el período revolucionario francés, creado por Jean Paul Marat, Se editó desde el 16-09-1789 hasta el 21-09-1792. Sustituido por *Le Journal de la République Française*.

[7] Marie Joseph Paul Yves Roch Gilbert Motier, marqués de La Fayette o Lafayette (1757-1834) Militar y político francés. Este joven y rico aristócrata, oficial del ejército de Luis XVI, dejó pronto el ejército y se interesó por la ideología política liberal.

1794 se prohibió explícitamente la presencia de mujeres en cualquier tipo de actividad política.

Sin embargo las libertades, los derechos de libertad, igualdad, políticos y educación tan perseguidos por la revolución, excluía a la mujer. Así pues, la primera ola del feminismo se inició ante la falta de representación de la mujer en los principios que sostenía la revolución.

Pero el feminismo no duró mucho en la Revolución Francesa y la posterior política napoleónica, endurecieron las normas contra las mujeres al definir el espacio doméstico de la casa, como único ambiente de la actuación femenina. Negaron a las mujeres la posibilidad de convertirse en ciudadanas, dejándolas excluidas del nuevo mundo público. El código civil napoleónico (1804), vedó a las mujeres de los derechos civiles reconocidos para los hombres durante el período revolucionario, definiéndolas como menores de edad que necesitaban estar bajo la tutela del marido o del padre.

Capítulo 3.

3.1.- Segunda Ola del Feminismo.

La segunda ola del feminismo, conocida como **el** sufragismo, abarca el período comprendido entre mediados del siglo XIX hasta la finalización de la Segunda Guerra Mundial.

Trabaja por la obtención de:

Igualdad;

Educación;

Derechos civiles; y

Trabajo.

Inicialmente intervienen mujeres de distintos sectores de la sociedad, luego las feministas acabarán ubicándose fundamentalmente en la clase media. Estas mujeres eran las que tenían más posibilidades socioeconómicas, así como de acceder a ciertos círculos intelectuales y a algún tipo de educación, con más tiempo para reunirse, discutir, proponer, escribir, manifestarse en torno a la causa feminista e impulsarla.

El predominio del espíritu liberal, favoreció la conformación más temprana de movimientos por los derechos de la mujer, como es el caso de los Estados Unidos y Gran Bretaña.

(Anderson y Zinsser - 1991)

3.1.1.- Formación del movimiento feminista y el movimiento sufragista.

Es en Estados Unidos donde se organiza el primer movimiento feminista, en su desarrollo hay componentes de tipo religioso, político, social y económico.

Desde el punto de vista religioso se puede señalar que tras la realización de la primera Convención Nacional de la Sociedad Femenina Antiesclavista en 1837, algunas mujeres tomaron la palabra activamente en varios escenarios, pero sobre todo en las iglesias. Esto provocó la reacción de los pastores, que a través de sus epístolas y basándose en el Nuevo Testamento, expresaron la inconveniencia de que las mujeres se ocuparan de cuestiones públicas.

Como reacción Sarah M. Grimké[8], publica las *"Cartas sobre la igualdad de los sexos y la condición de la mujer"* en 1837, invoca a la Biblia para explicar que esta no pregona la desigualdad entre mujeres y hombres, dado que *"Dios nos creó iguales, nos creó libres"*. En las cartas sobre la igualdad de los sexos y la condición de la mujer, dice:

"Newburyport, 17 de junio de 1837 Mi querida hermana: En mi última carta señalaba la creación y la caída del hombre y de la mujer desde ese estado de pureza y de felicidad en que su Creador les había colocado... y yo me doy cuenta de que la mujer,... se ha sentido culpable de haber introducido el pecado en el mundo...Yo no voy a rebatir el cargo...aunque...la rápida aceptación por parte de Adán de la propuesta de su mujer, no parece ser señal de esa fuerza de voluntad superior que el hombre se arroga...Tan sólo pido a nuestros hermanos que nos levanten el pie del cuello y que nos permitan erigirnos en

---

[8] Sarah Moore Grimké (1792-1873) escritora, abolicionista y feminista estadounidense.

el terreno que Dios asignó para nosotras...". (Martín Gamero - 2002)

En esta misma línea e influenciada por el revisionismo protestante hace que Elizabeth Cady Stanton [9] con un grupo de mujeres publiquen "*La Biblia de la Mujer*" (1895 y 1898)

En la Biblia de la mujer, E. C. Stanton reivindica la existencia de figuras religiosas femeninas de similar valor a las masculinas, como la semejante creación del hombre y la mujer.

Se producen opiniones a favor y en contra de la biblia de las mujeres, pero del análisis y revisión de la *Biblia* que hicieron las mujeres nutrieron al sufragismo.

La "*Biblia de la mujer*" permitió al sufragismo dotarse de elementos para exigir la igualdad de la mujer en los aspectos socioeconómicos y políticos. De hecho, de la versión publicada por las mujeres, orientará y fortalecerá algunas directrices del programa sufragista. (Valcárcel - 2001)

En lo político, social y económico se evidencia:

El impulso hacia la Convención de *Seneca Falls*, lo dan escritos como los de la periodista y activista por los derechos de la mujer, Sarah Margaret Fuller[10], "*El gran proceso judicial. El hombre frente a los hombres. La mujer frente a las mujeres*", que después se integrará en el libro "*Woman in the Nineteenth Century*" (1845).

El ensayo plantea los derechos de la mujer y refiere que a pesar de los impedimentos las mujeres se arriesgaron a tomar la palabra hablada y escrita, para pronunciarse sobre ellas mismas. Estos escritos contribuyeron a formar la opinión y posición de las mujeres, que se separa del orden establecido. (Martín Gamero - 2002)

---

[9] Elizabeth Cady Stanton (1815-1902) feminista, sufragista y abolicionista estadounidense.

[10] Sarah Margaret Fuller (1810-1850) estadounidense, periodista y activista por los derechos de la mujer.

Las revoluciones sociales de 1830 y 1848 en Europa contra el absolutismo del poder, marcan la orientación posterior en términos de: *libertad, derecho a la propiedad y sufragio.* Entre ambas revoluciones sociales se fueron eliminando en Europa barreras legales que privaban a ciertos grupos de derechos, así el reconocimiento de propiedad para campesinos, siervos y judíos ponía de manifiesto la indefensión legal en la que se hallaban las mujeres. (Amorós - 1994)

Refiriéndose a los cambios económicos y el fortalecimiento de la clase media, Evans, R.J. (1980), menciona: *"el acontecimiento social más fundamental que sirvió de base al auge del feminismo fue la aparición de la clase media, gracias sobre todo a la expansión del comercio, la industria, la administración y las profesiones liberales".*

A partir de la década de 1830 se formaron grupos antiesclavistas y las mujeres participaron de manera activa en la recolección de firmas y peticiones abolicionistas.

La participación organizada en estos grupos antiesclavistas, sirvió a las mujeres para desarrollarse como oradoras y realzó la indefensión en que se encontraban.

Las cosas se agudizaron cuando se excluyó a Lucretia Mott [11] y Elizabeth Cady Stanton [12] de la Convención Antiesclavista Mundial celebrada en Londres en 1840, hecho que precipita el llamado a la Convención de Senaca Falls.

En la reunión o Convención de mujeres o Congreso convocado en 1848, para tratar *"las condiciones y derechos sociales, civiles y religiosos de la mujer",* en Seneca Falls, en el Estado de Nueva York, concluye con la aprobación del documento conocido como *"Declaración de Seneca Falls"* o

---

[11] Lucretia Mott (Estados Unidos – 1793-1880) feminista, centrada en la reivindicación social e igualdad entre hombres y mujeres.

[12] Elizabeth Cady Stanton (Estados Unidos, 1815-1902) feminista que se encargó de la organización de la Convención de Séneca Falls, donde introdujo el pedido del voto para la mujer.

"*Declaración de Sentimientos*", el 19 de julio de 1848, que puede considerarse como fundacional del primer movimiento feminista. La única intervención que estaba programada en el congreso, era la de Lucretia Mott.

Martín Gamero (2002) menciona como un hecho destacable de Lucretia Mott, el improvisado discurso pronunciado en una convención para los Derechos de la Mujer, celebrada en Filadelfia en 1854, que con elocuente oratoria contesta la declaración hecha por un pastor: "*el hombre debe tener autoridad sobre la mujer*":

"*No es el cristianismo, sino el clero quien ha colocado a la mujer en la situación en que ahora se encuentra. La Iglesia y el Estado se han unido y es una buena cosa que nos demos cuenta de ello...No es apostólico hacer de la mujer una esclava del marido, como muchos lo han creído; pero lo han consentido, tanto la ley como la opinión pública...*".

A través de La Declaración de Séneca Falls resumían el espíritu reivindicativo, el texto fue firmado por sesenta y ocho mujeres y treinta dos hombres. Fueron doce las decisiones tomadas, once de las cuales lo fueron por unanimidad, la número doce, el derecho al voto, propuesto por Elizabeth Cady Stanton, por mayoría. Se centraban de manera exclusiva en el derecho a la propiedad de las mujeres, mostrando poco interés por el voto.

Del mismo modo que el *Manifiesto Comunista* de Marx y Engels fue el texto singular para el movimiento obrero, la *Declaración de* Seneca Falls, en ese mismo año, se convirtió en el *Manifiesto del Movimiento Feminista Norteamericano*.

Hija de un juez y esposa de abogado, Elizabeth Cady Stanton conocía muy bien las limitaciones legales y económicas de su sexo. En el discurso pronunciado en 1854 ante la Asamblea Legislativa del Estado de Nueva York, afirma: "*Lo que nosotras pedimos es el total reconocimiento de todos nuestros derechos como ciudadanas del Estado. Somos personas; somos ciudadanas nacidas libres; somos propietarias, contribuyentes; sin embargo, se nos niega el ejercicio de nuestro derecho de voto (...)*". (Martín Gamero -

2002)

3.1.2.- El movimiento sufragista.

Algunos historiadores consideran al feminismo del siglo XIX como "*liberal o moderado*", porque sus actuaciones no estarían buscando trastocar las estructuras de dominación, ni el poder patriarcal, sino acomodarse dentro del marco establecido. (Mackinnon - 2000)

Muchas de las ideas del feminismo del siglo XX ya las habían planteado las feministas del siglo XIX, como el derecho a la educación, de una sexualidad libre, al control de las propiedades de las mujeres casadas, la lucha contra la prostitución y el derecho al sufragio.

El feminismo liberal del siglo XIX presenta una mezcla de radicalismo y conservadurismo, se basa en la desigualdad, se preocupa por la igualdad de derechos, incorpora reivindicaciones que transgreden las fronteras entre lo público y lo privado, reformula la concepción de ciudadanía y de identidad femenina. (Beltrán y Maqueira - 2005)

Las discusiones en torno a las condiciones de un sistema político liberal, que no universalizaba los derechos del ser humano y del ciudadano en todos los colectivos, pueden organizarse en tres núcleos temáticos: el abolicionismo, la declaración de los principios del Congreso Feminista de Seneca Falls, y el discurso reivindicativo de las mujeres negras.

En términos generales, se clasifica a las sufragistas en moderadas, radicales y militantes, que producirán escisiones y diversas corrientes, con posiciones, programas y objetivos propios. Estas diferencias y disputas se debían sobre todo en relación a las estrategias a seguir. (Evans – 1980 / Bock - 2001)

De la Convención de Seneca Falls surgen dos posturas en relación al voto. Según las radicales era una exigencia de igualdad y una condición imprescindible para alcanzarla. En cambio, a las moderadas se les presentaba como una meta lejana, como un premio por sus esfuerzos. Un premio que habían de llegar a merecer gracias a una mejor formación y a través de un trabajo de utilidad pública. Con matices culturales y de género en esa época, el sufragio femenino fue una reivindicación radical. (Nash - 2004)

El feminismo organizado se consolida con posterioridad a la guerra de secesión (1861-1865) durante la cual las feministas apoyaron a la Unión, como recompensa se repite lo ocurrido con la Revolución Francesa; ni los republicanos, con los cuales se habían identificado, ni el movimiento antiesclavista quiso apoyar sus reivindicaciones.

Elizabeth Cady Stanton y Susan B. Anthony [13] llegaron al convencimiento que la lucha por los derechos de la mujer dependía de las mujeres solas. En 1868 ellas y sus seguidoras fundaron la "*Asociación Nacional pro sufragio de la mujer*", su objeto prioritario el cambio de mentalidad de la mujer.

Lucy Stone en 1869, se escinde y nace la "*Asociación Americana pro sufragio de la mujer*", el ala bostoniana, la más conservadora del movimiento. Se dedicaron al voto a través de campañas graduales, Estado por Estado, oponiéndose a la estrategia Federal de Stanton y Anthony. [14]

En Gran Bretaña John Suart Mill [15] publica en 1869 "*La sujeción de la mujer*", un duro ataque contra la esclavitud legal, la educación embrutecedora y la opresiva moral basada en la sujeción de la esposa.

El movimiento sufragista inglés unido al programa liberal presenta ante el Parlamento una petición firmada por 1499

---

[13] Susan Brownell Anthony (1820-1906) Feminista sufragista, defensora de los derechos humanos y escritora estadounidense.

[14] Lucy Stone (1818-1893) excelente oradora, feminista, abolicionista y sufragista.

[15] John Stuart Mil (1806-1873) Filósofo, político y economista británico, representante de la escuela económica clásica. Defensor de los derechos de la mujer. Hijo del economista y filósofo James Mill.

mujeres exigiendo la reforma del sufragio. Al ser rechazada se crea en 1867 un movimiento permanente, la *"Sociedad Nacional pro Sufragio de la Mujer"* liderada por Lydia Becker. [16]

A partir de 1870 y durante ocho años seguidos se presentaron proyectos a favor del sufragio femenino y en tres oportunidades fue aprobado con la Cámara de los Comunes, pero sin efecto dado que los conservadores se oponían al voto femenino.

En 1884 se amplió el derecho al voto para los varones de las clases medias bajas y algunos grupos de trabajadores, pero no para las mujeres.

3.1.3.- Disputa por el sufragismo. La mujer obrera y el socialismo.

Como antecedente de la disposición de unir el socialismo al feminismo esta el trabajo de Flora Celestina Teresa Enriqueta Tristán y Moscoso, más conocida como Flora Tristán (1803-1844) fue una escritora, pensadora socialista y una de las grandes fundadoras del feminismo temprano. No solo se limitó a luchar por los derechos de la mujer y los derechos de los obreros, sino también se opuso a la esclavitud, al oscurecimiento religioso y a la pena de muerte.

Entre otras publicaciones, en 1835 publicó su primer artículo *"La situación de las mujeres extranjeras pobres en Francia"*, denuncia como las ciudades ofrecían envilecimiento a las mujeres y propuso asociaciones para socorrerlas.

En 1843 en la *"Unión obrera"* relata las consecuencias de la revolución industrial, la aparición de un nuevo actor social, los obreros. Menciona que la igualdad se alcanzaría mediante la unión de todos los obreros, sin distinción de sexo.

---

[16] Lydia Ernestine Becker (Británica 1827-1890) líder del primer del movimiento sufragista británico.

En 1897 las feministas unen todas sus asociaciones sufragistas en la *"Unión Nacional de Sociedades pro sufragio de la Mujer"* estando al frente Millicent Garrett Fawcett dispuesta a una vigorosa política reivindicativa. [17]

Tanto en Inglaterra como en América, las mujeres obreras tenían, en todos los ramos, jornadas más largas, tareas más pesadas y condiciones de trabajo más nocivas que el varón, a cambio de una retribución inferior. Por otra parte, en los sindicatos existía una fuerte oposición a que las mujeres se sindicalizaran y más aún tendían a aunar sus esfuerzos para que las mujeres pudieran estar en su debido ámbito, el hogar cuidando de los hijos.

La consecuencia fue que en la década de 1870 las feministas crean sindicatos, destacándose en el movimiento británico Emma Paterson [18] que creó en 1874 la *"Liga Protectora y Previsora de la Mujer"*.

Estos sindicatos impulsados por feministas liberales de clase media, no obtienen el resultado esperado, y las mujeres obreras consideraron una alternativa asociarse al socialismo. Como consecuencia se produjo una división inconciliable entre las mujeres obreras y las feministas liberales que eran vistas como un feminismo burgués con una finalidad política.

Bebel [19] publica en 1879 *"La mujer y el socialismo"* que habla de igualdad de derechos y el sufragio de la mujer, pero mantenía dentro del universo naturalista. Consideraba que las mujeres estaban adaptadas por naturaleza a la maternidad y la crianza de los hijos; físicamente no eran aptas para el trabajo manual pesado, que destruía su *"feminidad"*.

Se opone al pensamiento de Bebel, Clara Zetkin[20], que

---

[17] Millicent Garrett Fawcett Aldeburgh (Británica, 1847-1929) feminista, intelectual, líder política – sindical y escritora.

[18] Emma Anne Smith Paterson (Británica, 1848-1886) feminista y sindicalista inglesa.

[19] Bebel, August (1840-1913) Político socialista alemán

[20] Clara Eissner Zetkin (Alemana, 1857-1933) luchadora por los

impulsa los movimientos femeninos socialistas en los distintos países. Lucha por la emancipación de las mujeres obreras y en 1907 concurre a una *"Conferencia Internacional Socialista de Mujeres"*, en donde se establece: 1) Todos los partidos socialdemócratas debían comprometerse firmemente en favor del voto para el hombre y la mujer; 2) No debía haber ninguna cooperación con las feministas burguesas.

Esta unidad de criterios no se materializó, ni en América ni en Inglaterra.

En América en 1901 se funda el Partido Socialista de América y surgen clubs de mujeres socialistas que rechazaban la idea de cooperar con las sufragistas burguesas, punto de controversia entre las dirigentes socialistas y la dirección del Partido. En 1909 el comité de mujeres socialistas cooperó con las sufragistas, produciéndose divisiones internas dentro del feminismo socialista americano.

En Inglaterra la federación socialdemócrata era hostil a los derechos de la mujer y a comienzos del siglo XX el incipiente Partido Laborista estaba decidido aceptar el sufragio masculino y se negó a apoyar oficialmente el voto para la mujer.

3.1.4.- Obtención del voto femenino.

A comienzos del siglo XX el liberalismo se fue alejando de los ideales progresistas, abandona sus tesis igualitarias para ganarse el beneplácito de las élites dominantes y se acerca a creer en un estado intervencionista. El feminismo sufriría ese cambio transformándose en grupos de actividad radical o bien en organizaciones marcadamente morales.

En Inglaterra debido a la presencia de un grupo activo, la *"Unión Social y Política de las Mujeres" que funda en 1903*

---

derechos de la mujer, política de ideología comunista. Militó en el Partido Socialdemócrata de Alemania.

Emmeline Pankhurst[21], se produce un cambio en la acción en la *"Unión Nacional por el sufragio de la Mujer"* que deja la moderación.

Emmeline Pankhurst había militado en el Partido Laborista, que apoyaba la causa sufragista. Cuando el laborismo llegó al poder en 1905 negó la concesión del voto a las mujeres. Las sufragistas comenzaron a organizar desfiles masivos y ataques a la propiedad. Estas prácticas se intensificarían a partir de 1909 cuando el Primer Ministro, Asquith, se negó a recibirlas en comisión. Pankhurst escribía:

"De ahora en adelante las mujeres que están de acuerdo conmigo van a declarar: "Nos tienen sin cuidado vuestras leyes, caballeros,…no seremos responsables de la propiedad que sacrifiquemos, o del perjuicio que la propiedad sufra como resultado. De todo ello será culpable el Gobierno, que, a pesar de admitir que nuestras peticiones son justas, se niegan a satisfacérnoslas…". (Miyares - 1994)

La violencia continuó hasta que las autoridades disolvieron la *"Unión Social y Política de las mujeres"* en el año 1913. La señora Pankhurst fue encarcelada y condenada a trabajos forzados, pero logró escapar y viajó a Estados Unidos.

La *"Liga por la Libertad de la Mujer"* fue creada en 1906 y propiciaba una militancia basada en la desobediencia civil: se negaban a pagar impuestos y eran partidarias de métodos de protesta pacíficos.

Al estallar la Primera Guerra Mundial el movimiento sufragista cesó en sus actividades, colaborando con la causa bélica.

El voto llegaría a las británicas cuando el Primer Ministro Herbert Henry Asquith fue sustituido por David Lloyd George, menos opuesto al sufragio femenino, que encargó a la Cámara de los Comunes el estudio de una reforma electoral. El resultado fue que en 1918 el Parlamento aprobó el voto para las mujeres mayores de 30 años.

---

[21] Emmeline Pankhurst Goulden (1858-1928) feminista, activista, política británica y líder del movimiento sufragista.

Recién en 1928, las mujeres vieron equiparada su edad electoral con los varones.

En Estados Unidos en 1913 Alice Paul[22] fundó una nueva organización la *"Unión del Congreso para el Sufragio Femenino"* con objeto de luchar por el voto femenino a nivel federal, a través de las presiones en el Congreso y no Estado por Estado. Propició la formación de un partido político, *"Partido Nacional de la Mujer"*, que fracasó en sus objetivos.

Carrie Chapman Catt[23] integrante y también presidenta de la *"Asociación Nacional Estadounidense de Sufragio Femenino"* (NAWSA) por la actitud radical del Partido Nacional de la Mujer, obtiene un aumento considerable de afiliación de sufragistas moderadas.

El accionar de las feministas sufragistas primero en el Congreso y luego en las legislaturas estatales, finalmente produjo una 19ª Enmienda a la Constitución de los Estados Unidos el 26 de agosto de 1920, que garantiza a toda mujer en Estados Unidos de América el derecho a votar.

Los cambios geopolíticos producidos con la Primera Guerra Mundial hace que en la mayoría de los países se reconociera el derecho al voto de la mujer: Holanda y La unión Soviética en 1917, Austria, Polonia, Checoslovaquia y Suecia en 1918, Sudáfrica en 1930, España en 1931, Brasil en 1934, Rumanía en 1935 y Filipinas en 1937. En la República Argentina el 9 de setiembre de1947 se sancionó la Ley 13.010 de sufragio femenino.

---

[22] Alice Stokes Paul (Estados Unidos, 1885-1977) activista feminista, sufragista que lideró la campaña por la Decimonovena Enmienda a la Constitución de los Estados Unidos.

[23] Carrie Lane Chapman Catt (Estados Unidos, 1859-1947) sufragista y feminista.

3.2.- Reivindicaciones obtenidas por la 2da Ola del Feminismo.

El feminismo había quedado al margen de las conquistas obtenidas con las revoluciones liberales. El liberalismo funda la dualidad de lo público y lo privado, asignándole a la mujer el reino del hogar, es decir, la reclusión de la mujer en el reducido espacio de las actividades domésticas y reproductivas.

El feminismo del siglo XIX no cuestionó la distinción entre lo público y lo privado, reclamó su lugar en lo público. En esta forma, consiguió estar presente en diversas áreas que se consideran a continuación.

3.2.1.- Educación.

Las mujeres eran educadas para convertirse en una complaciente y buena esposa, el esfuerzo feminista pedía la modificación de este sistema. El cambio permitir la incorporación de la mujer a la esfera pública, obtener la capacidad de decidir sobre la propia vida con libertad, escoger entre las diferentes alternativas y acceder a un cierto nivel educativo.

Numerosos autores comenzaron a tomar conciencia de que la presencia femenina en la esfera pública va unida a un cambio educativo, entre ellos:

Flora Tristán[24] que se preocupó de mejorar la educación de la mujer, y decía: *"Todos los males de la clase obrera se resumen con dos palabras: miseria e ignorancia, ignorancia y miseria…comenzar por instruir a las mujeres, porque las mujeres son las encargadas de educar a los niños varones y hembras"*.

---

[24] Flora Tristán, ver punto 3.1.3.-

John Stuart Mill[25] manifestó la necesidad de un cambio educativo en la mujer. Considera que el avance de las sociedades se basa en que las personas ya no nacen predestinadas para ocupar una posición, sino que son libres para perseguir sus ideales de vida buena. Sostenía que el avance no podría ser completo hasta que la libertad no alcance también a las mujeres.

En el siglo XIX, y aún antes, se iniciaron carreras, consideradas menores, que no requerían estudios secundarios previos y a las que se accedían, muchas veces, con sólo rendir un examen. Las mujeres participaron de esas profesiones, como obstetricia, odontología y enfermería.

Las mujeres debieron sortear numerosas dificultades para lograr estudiar en la Universidad primero ingresar, obtener el título y acceder al ejercicio profesional después, ya que cada una de estas cosas no implicaba necesariamente la otra, como ocurría con los varones. Estos hechos implicaban a veces largos trámites ante autoridades universitarias, ministeriales e incluso judiciales.

El ingreso de la mujer a los estudios superiores fue un proceso lento, comenzó en Estados Unidos en la década de 1830 y en escuelas médicas exclusivas para mujeres, que no necesariamente dependían de la Universidad. Continuó en las décadas siguientes en Europa, comenzando por París, Zurich e Inglaterra y casi siempre con la carrera de Medicina.

Este proceso siguió en Italia, España, Bélgica, Dinamarca, Alemania y Rusia, llegó a América Latina y en Argentina hacia fines del siglo XIX. La mayoría de las primeras universitarias fueron médicas.

---

[25] John Stuart Mill, ver Punto 3.1.2.-

3.2.2.- El sufragio femenino.

La lucha femenina por el sufragio caracterizó el siglo XIX. Mill[26] consideraba que los intereses de los niños están representados por los de los padres, los niños no han de ser titulares del derecho de sufragio. Las mujeres tienen sus intereses incluidos o bien en los de sus padres o bien en los de sus esposos y solamente, *"todas aquéllas que entre los veintiún años y el momento de su matrimonio no tengan padres vivos o hayan dejado la casa de sus padres; todas aquéllas que nunca se casarán; todas las viudas"* deberían tener derecho de voto. (Mill, J. - 1997)

En 1825, Anna Wheeler[27] y William Thompson[28] publican *"La Demanda de la Mitad de la Raza Humana, las Mujeres"*, como respuesta a la posición de James Mill. (Thompson y Wheeler - 2000)

En la *"Demanda"*, se aborda algunos de los temas centrales del feminismo ilustrado: matrimonio, derecho a la propiedad, empleo, educación, prostitución y lo hacen bajo el auspicio de la nueva filosofía moral.

Una parte fundamental de *"La Demanda"* está destinada a denunciar la esclavitud de las mujeres, especialmente de las mujeres casadas. La sumisión era el precio que tenían que pagar por tener acceso a riquezas o a un plato de comida. La miseria en caso de abandono o viudez planeaba sobre sus vidas y sobre la de sus hijos. Consideran que con la cooperación mutua, las mujeres dejarían de depender de los hombres, la propiedad sería común y todos poseerían las mismas riquezas.

Señalan, referente a las hijas ilegítimas que no siempre sus padres representan sus intereses, dado que en ocasiones son

---

[26] James Mill (1773-1836) economista, filósofo, historiador y politólogo escoces, padre de John Stuart Mill.

[27] Anna Doyle Wheeler (1785-1848) feminista y cooperativista irlandesa.

[28] William Thompson (1775-1833) filósofo, político, economista y reformador social irlandés.

contrarios a los mismos. Por otra parte, si se reconoce el voto a los hijos varones ilegítimos al llegar a la mayoría de edad, las hijas ilegítimas deberían ser titulares del derecho de sufragio.

Thompson y Wheeler estiman que el derecho de voto es el paso necesario para lograr redefinir el matrimonio y la completa liberación de la mujer: *"...sin los derechos políticos los hombres nunca las considerarán realmente sus iguales, nunca alcanzarán esa respetabilidad y dignidad en la escala social que provocaría bien la ejecución del "bona fide" bien la permanencia de las mismas leyes y de la misma moral. No podrían respetarse a sí mismas"*.

El constitucionalismo, sistema político que había triunfado en una buena parte del mundo después del período ilustrado, excluía a las mujeres del ámbito público, bajo el argumento de sus supuestas aptitudes y carencias naturales: la mujer carecía de los atributos *"masculinos"* identificados con la racionalidad, la inteligencia, la capacidad de juicio y la competitividad. (Nash - 2004)

Pero el mismo sistema llevaba implícito el elemento contradictorio de este principio de exclusión, al afirmar la igualdad de derechos naturales. Fue esta contradicción la que facilitó el surgimiento del movimiento feminista. La exclusión de la mujer restaba solidez y coherencia al discurso filosófico y político en el que el constitucionalismo había encontrado su apoyo. (Peces-Barba Martínez - 2001)

Conseguir el derecho de voto suponía reconocer a la mujer como agente activo de la vida política, reconocer su parte de responsabilidad en la toma de decisiones colectivas. De ahí que la liberación de la mujer empiece por reclamar el derecho de sufragio sin el cual no podía ser considerada una auténtica ciudadana.

3.2.3.- Cambios en la Institución del matrimonio.

Los principios de la Revolución Francesa eran los derechos de libertad, igualdad, políticos y de educación, pero luego de su triunfo, excluyó a la mujer de los mismos.

La introducción y tratamiento del divorció en el Código de Napoleón fue un punto que favoreció al feminismo y para comprender su trascendencia es fundamental entender la naturaleza jurídica del matrimonio.

Francia una sociedad eminentemente católica, el derecho antiguo y la Iglesia Católica daban al matrimonio el carácter de sacramento, estableciendo su indisolubilidad. En el matrimonio, la autoridad de la iglesia era incuestionable. La filiación, los testamentos y los contratos eran actos otorgados bajo juramento, y por tanto, inquebrantables.

Establecía que la indisolubilidad del acto matrimonial propicia a los cónyuges a ponerse de acuerdo ante cualquier malentendido, para lograr una mejor convivencia familiar. Así, el matrimonio protege el amor, la comprensión y ayuda mutua entre los esposos.

Las leyes que regulaban la institución matrimonial dejaban en una situación de inferioridad a la esposa frente a su marido. Más tarde, las ideas de la Revolución francesa, derivadas de doctrinas sociales y políticas, modifican esos criterios y apoya la institución del divorcio.

Mill creía que eliminando la indisolubilidad del matrimonio y permitiendo a las mujeres entrar en esta relación de forma libre, esto es, regulando el divorcio, la situación de dominio de la mujer desaparecería. Consideraba que la clave de la desigualdad de la mujer residía precisamente en esa limitación social en el que las mujeres se ven presas. El divorcio acabaría por introducir un elemento de libertad que convertiría al matrimonio en un auténtico contrato. (Mill y Taylor - 1858)

El feminismo en esta época se orientara a igualar los derechos de las partes y a permitir el divorcio, con el que ellas lograrían escapar de su reclusión en la esfera privada de la vida doméstica e incorporarse, finalmente, a la vida pública.

El sentido de autoridad, sumisión de la esposa al marido y de los hijos a éste, la misma disposición abusiva de la propiedad casi siempre en manos del varón, formaban parte sustancial del Código Napoleón (1804) Mujer, hijos y bienes son, en el fondo, patrimonio del marido. (Alonso Pérez - 2015)

Por otra parte el Código de Napoleón admitía el divorcio, en el Título V – Capítulo VII, regula como formas de disolución del matrimonio, la muerte de uno de los esposos, el divorcio legalmente pronunciado o la condena definitiva de uno de los esposos a una pena que importe la muerte civil.

En este contexto, desde 1804, en Francia, se estableció el divorcio, aun cuando no se define expresamente como la ruptura del vínculo matrimonial, y en lo relativo a los segundos matrimonios, determina: *"la mujer no puede contraer un nuevo matrimonio, sino pasados diez meses del matrimonio precedente"*. Esto, seguramente con el objetivo de preservar la posible hipótesis de embarazo de la divorciada. Esta prohibición no aplicaba para el hombre, quien, por el contrario, podía contraer una nueva unión, de manera inmediata.

La primera causal de divorcio instituida por el Código Napoleón, se refiere al adulterio, que podía ser demandado por el esposo en contra de la esposa. Ésta, únicamente podía invocarla si su marido tuviera a la adúltera en la casa común.

Otras causales son: la sevicia o injurias graves de un cónyuge para el otro, que pueden ser demandadas recíprocamente, la condena de uno de los esposos a una pena infamante y el consentimiento mutuo, generado por la forma, sobre las condiciones y pruebas ordenadas por la ley, para demostrar que la vida en común es insoportable. (Castañeda Rivas - 2005)

Capítulo 4.

4.1.- Tercera Ola del Feminismo.

La tercera ola del feminismo, presenta diferencias en su duración según los autores. Algunos dan como fecha de inicio la terminación de la Segunda Guerra Mundial, otros a partir de la década de 1960. En igual forma su terminación, unos la extienden hasta nuestros días, mientras otros consideran la existencia de una Cuarta Ola del Feminismo a partir del inicio del siglo XXI, con el activismo social en Internet, ciberfeminismo, oposición a la violencia machista, y sororidad; mientras la Tercera Ola terminaría a final del siglo XX, oponiéndose al estereotipo sexual de mujer y a la violencia contra la mujer.

4.1.1.- Simone de Beauvoir. Feminismo a partir de los años 60.

Simone Lucie Ernestine Marie Bertrand de Beauvoir, conocida como Simone de Beauvoir (1908-1986) filósofa, profesora, escritora y activista feminista francesa. Su filosofía, el existencialismo, y su compromiso político de izquierda, entraron en crisis ante las consecuencias de la II Guerra Mundial. Se le reprocha el nulo compromiso en favor de la resistencia contra la ocupación alemana, tanto suyo como de Jean Paul Sartre, al que conoce cuando ambos eran profesores en La Sorbona y con el que se casa en 1929.

La conquista del voto femenino y las demandas satisfechas, habían dejado relativamente tranquilas a las mujeres, vivían en una sociedad legalmente igualitaria y la calma parecía reinar en la mayoría de los hogares.

Pero en el año 1949 surge la obra de Simone de Beauvoir, que como ella misma manifestara, hasta que emprendió la redacción de su libro *"El segundo sexo"* no había sido consciente de haber sufrido discriminación alguna por el hecho de ser una mujer.

Esta obra no influyó de inmediato en las mujeres, ni en las feministas, sino tiempo después de su publicación.

La obra de Simone de Beauvoir, *"El segundo sexo"*, trata del sometimiento histórico de las mujeres, analiza las sociedades primitivas, el uso del bronce, del que se obtienen herramientas de uso agrícola y sobre todo armas, que sólo utilizarán los hombres. La identificación de la guerra como actividad masculina es lo que realmente legitima el orden patriarcal, ya que implica valoraciones desiguales de lo que hacen hombres y mujeres. Por esta razón dice: "...*la peor maldición que pesa sobre la mujer es estar excluida de estas expediciones guerreras, si el hombre se eleva por encima del animal, no es dando la vida, sino arriesgándola; por esta razón, en la humanidad la superioridad no la tiene el sexo que engendra, sino el que mata...*".

El surgimiento del patriarcado condujo a Simone de Beauvoir hacia el análisis de la maternidad, estima que el hecho que las mujeres se dediquen a la procreación y al cuidado de los hijos, ha sido la causa de su sumisión.

Critica que vio en la maternidad el destino y la vocación natural de las mujeres, ese papel maternal ha justificado su reclusión en los espacios domésticos, alejada de los centros públicos y de poder, entre otras cuestiones.

El afán de ser madre, unido a ciertos rasgos de carácter como la debilidad, la timidez o la abnegación, era lo propio de la naturaleza femenina.

Reiteradamente menciona que una función biológica se ha utilizado para definir y legitimar su papel subordinado en la sociedad a lo largo de la historia.

Afirma que ser mujer o lo femenino, nada tiene que ver con la biología, sino con una construcción cultural y social sobre el sexo, que afecta por igual a lo femenino y a lo masculino, de ahí su apotegma que consigna en *"El segundo sexo"*:

"No se nace mujer: se llega a serlo"

Con tal afirmación anuncia, sin mencionarlo, el concepto de género.

En la época de Simone de Beauvoir, se tenía por cierto y pensaba en lo masculino y lo femenino; en sólo dos sexos.

Concretamente establece que el ser humano femenino no nace mujer sino *"llega a ser"* mujer. Nace de sus dichos el concepto de género, que las mujeres están influidas por los usos y la cultura, pero también son capaces de elegir que ser. Por tanto, las mujeres están en condiciones de optar por el género que desean, teniendo en cuenta que en el género puede haber más de dos.

La mujer siempre ha estado sometida, porque se le inculcó *"la forma de ser"*, y, a partir de sus diferencias anatómicas y biológicas, se la convirtió en un ser débil y dependiente.

No cabe duda de que históricamente había sido un *"segundo sexo"* frente a los hombres.

Define a los hombres como seres *"trascendentes"*, porque abren horizontes, dominan los medios de la naturaleza, toman decisiones y actúan; mientras que las mujeres han estado históricamente condenadas a una vida monótona, sin capacidad para elegir cómo había de ser su existencia, apareciendo entonces como seres *"inmanentes"*.

4.1.2.- Contracultura de la década de los sesenta. Siglo XX.

Al llegar la década de los sesenta en Estados Unidos, Francia, Holanda, Alemania y otros países, se produjeron movimientos, sobre todo juveniles de protesta contra los valores establecidos, que se manifiesta con hedonismo, pacifismo, ecologismo. La desconfianza y enfrentamiento contra las instituciones, políticas, educativas, religiosas, empresariales, y los convencionalismos de orden moral, con formas alternativas de vivir, vestir, consumir y producir.

En Estados Unidos la Guerra de Vietnam ayudó a que la protesta cobrara mayor intensidad y duración, en este país es donde se inician las revueltas estudiantiles que ya en el año 1968 se habían propagado a numerosos países.

El nacimiento de esta "*contracultura*", cultura en oposición, trajo consigo un interés renovado por las desigualdades en materia legislativa y aumentaron los discursos de los movimientos feministas con una mayor participación social y política, en reconocimiento de la diversidad étnica y sexual.

La obra "*El Segundo Sexo*" de Simone de Beauvior vuelve a la escena social creando mayor sentimiento de opresión.

En esta década en Estados Unidos nace el "Movimiento de Liberación de la Mujer" que fundamentado en las teorías marxistas, entiende que la sociedad está compuesta por un sistema de sexos y clases sociales, lo que les lleva a estudiar el papel de las mujeres en las organizaciones políticas, y a impulsar su propio movimiento de liberación. (Varela - 2018)

El movimiento de Mayo del 68, es el referente mundial más notorio e impactante de la rebelión estudiantil contra una sociedad autoritaria, limitante de derechos fundamentales, de relaciones de dominio hacia la mujer y las demandas de las mujeres por su libertad sexual.

Entre mayo y junio de 1968 se manifiesta en una masiva ola

protestas y movilizaciones, desatadas por los estudiantes de las universidades, con el apoyo de los obreros y todos los ciudadanos, que paraliza a Francia. Estas protestas generan una grave situación política que lleva al cierre de la Asamblea Nacional, la convocatoria de elecciones y después a un referéndum que termina con la renuncia y la carrera política del presidente Charles de Gaulle.

Pero también estallaron otros "Mayos" en Europa, con el "*verano caliente*", Italia, España, Inglaterra, Alemania, Polonia; en Asia, Japón, China alcanzaba el punto más alto de la Revolución Cultural.

Los políticamente tumultuosos sesenta verían el renacer de la política de las mujeres en Occidente, al principio bajo la bandera de la "*liberación de las mujeres*". (Freedman - 2007)

Para entonces, tanto las economías capitalistas como las socialistas habían atraído a millones de mujeres a la fuerza de trabajo remunerado.

En Europa y Estados Unidos, millones de mujeres esperaban ganar salarios y poder criar a sus hijos. Las feministas hacían un llamado a la igualdad económica, política y un nuevo énfasis en el control de la reproducción resonó profundamente en toda la sociedad, sin importar generación, etnia o clase social.

Esta tercera ola será de la integración; las contribuciones de mujeres de clase trabajadora, lesbianas, mujeres de color y activistas del mundo en desarrollo, se fueron reuniendo y ayudando a transformar una política que inicialmente fue de la clase media, blanca y europea. (Gutiérrez - 2014)

Sin embargo, aun reconociendo la simultaneidad de opresiones y que estos desarrollos enriquecen enormemente al feminismo, a algunos grupos les surge la siguiente pregunta:

¿Dónde debemos detenernos?

Se destaca como voz feminista de la Tercera Ola del feminismo, Betty Friedan[29] considerada muy importante dentro del nuevo feminismo norteamericano que surge a mediados del siglo XX. Feminismo que dio como resultado la creación de la asociación feminista *"Organización Nacional de Mujeres"*.

Friedan manifiesta: *"Ha llegado el momento de enfrentarse, como naciones concretas a las condiciones que ahora impiden a las mujeres disfrutar de la igualdad de oportunidades y de la libertad de elección a las que tienen derecho...".*

Los años 70, fueron años de una intensa agitación política en los que bajo el eslogan *"lo personal es político"*, las feministas fueron identificando los centros de poder y dominación del hombre sobre la mujer. Ámbitos o áreas de la vida que hasta entonces eran privados, revolucionando de esta manera la teoría política al analizar las relaciones de poder existentes en la familia y sexualidad. Consideraban así que los hombres reciben beneficios psicológicos, sexuales y económicos del sistema patriarcal. (De Miguel - 2002)

Así, todos los problemas que existían *"sumamente enraizados y al mismo silenciados en nuestra sociedad, como la violencia de género, se pusieron encima de la mesa (...) Si lo personal es político, las leyes no se pueden quedar a la puerta de casa".* (Varela - 2018)

La Tercera Ola del feminismo tuvo dos obras fundamentales: *"La política sexual"* de Kate Millett[30], que escribió, en 1969 y, la obra *"La dialéctica del sexo"* de la autora feminista Shulamith Firestone[31], editada en 1970.

---

[29] Betty Naomi Goldstein Friedan (1921-2006) conocida como Betty Friedan, escritota, y líder feminista estadounidense de las décadas de 1960 y 1970.

[30] Katherine Murray Millett (1934-2017) conocida como Kate Millett, escritora, profesora, artista y activista feminista radical estadounidense.

[31] Shulamith Bath Shmuel Ben Ari Feuerstein (1945-2012) conocida como Shulamith Firestone, escritora y activista feminista canadiense-

En ambas obras se definen conceptos importantes para el movimiento feminista como patriarcado y género.

El patriarcado se define como *"un sistema de dominación masculina que determina la opresión y la subordinación de las mujeres"*. (De Miguel - 2005)

El género expresa *"la construcción social de la feminidad"*. (Varela - 2018)

4.2.- Cuarta Ola del Feminismo.

La Cuarta Ola del feminismo asienta sus bases teóricas en la lucha contra las formas de violencia hacia la mujer, incluida la violencia sexual y la prostitución.

La paridad existente, en la representación política, no se ha logrado extender a otras esferas sociales

Tras las grandes conquistas feministas, lo que hoy está sacando al feminismo a las calles y haciéndolo un movimiento de masas es una rebelión contra la violencia patriarcal.

Una violencia en sentido amplio, que se expresa de muchas maneras, entre ellas como violación, acoso, maltrato, asesinato, desigualdad económica y laboral, pornografía, prostitución.

Como indicadores de la existencia de una Cuarta Ola feminista habría que mencionar que el feminismo tiene un carácter intergeneracional, con una cantidad cada vez mayor de mujeres jóvenes, que *"ha sido capaz de colocar en el centro simbólico de la sociedad, un significante la necesidad de justicia para las mujeres"*. En palabras de Rosa Cobo, *"las movilizaciones que se han desarrollado en este último lustro en diversos países anuncian lo que ya, sin duda, puede ser definido como la cuarta ola feminista (...)"*. (Cobo - 2019)

Por primera vez en la historia no encontramos un solo país sin presencia de organizaciones feministas o asociaciones que defiendan los derechos de las mujeres. Este hecho, la

---

estadounidense.

globalización del feminismo es, sin duda, una característica de la cuarta ola.

Se han celebrado manifestaciones feministas en lugares donde las mujeres no tienen reconocidos sus derechos como ciudadanas. Países donde la desigualdad, discriminación y violencia que sufren las mujeres, son aún en pleno siglo XXI, permitidas por su regulación legal, además por la sociedad, cultura, religión y familia.

4.2.1.- Activismo social de la cuarta ola del feminismo. Ciberfeminismo.

El uso de los hashtags en las redes sociales representó una excelente herramienta para visibilizar problemáticas comunes y poner en conocimiento a los ciudadanos los temas que le interesan.

Las redes sociales permitieron una comunicación de masas libre y universal. Se inicia en esta forma el ciberactivismo que representa un fenómeno cultural en medios digitales, que promueve la participación política o social, donde se organizan foros de discusión, actividades que van hacia lo físico, el traslado de información para tomar conciencia, la exposición de temas para proponer soluciones, entre otros.

El ciberfeminismo nace en el verano de 1991, en Adelaida, Australia. Con Josephine Starrs, Julianne Pierce, Francesca da Rimini y Virginia Barratt que fundan el colectivo ciberfeminista *"VNS Matrix"*.

Consideradas pioneras del ciberfeminismo entre 1991 y 1997, VNS Matrix es un colectivo de artistas y conocidas por la publicación del primer *"Manifiesto Ciberfeminista para el siglo XXI"* publicado en el verano australiano de 1991. Dicen: *"Utilizando un lenguaje que conecta la sexualidad femenina con Internet, VNS Matrix se infiltra y reclama el ciberespacio como territorio para la existencia y poder de las mujeres, rechazando el carácter predominantemente masculino y patriarcal que se anunciaba. Así, VNS, que debe leerse como VeNuS, alude a la sexualidad, la pornografía y en definitiva el cuerpo femenino y su relación con la tecnología y la cultura de finales del siglo XX".* [32]

Sadie Plant[33] en 1997 veía al ciberactivismo como *"una ventana abierta para acabar con el sistema patriarcal, lo que significa procurar nuevos escenarios para conseguir la igualdad de derechos entre hombres y mujeres".* (Gago Gelado - 2019)

Sadie Plant también manifestó sobre el ciberfeminismo, lo ha identificado como: *"una insurrección absolutamente post humana; la revuelta de un sistema emergente que incluye a las mujeres y las computadoras, contra la visión del mundo y de la realidad material de un patriarcado que aún busca subyugarlas".* (Bassnett - 1997)

Actualmente hay una gran gama de prácticas feministas en grupos diversos, que van desde las listas de correo, a las que cualquier mujer se puede unir, hasta grupos de ciencia, de ficción y de pura y simple conversación.

4.2.2.- Oposición a la violencia machista.

Según el diccionario de la lengua española, edición del tricentenario el término violencia en su primera acepción significa: *"cualidad de violento"*; y violento: *"Dicho de una persona. Que actúa con ímpetu y fuerza y se deja llevar por la ira"*.

La violencia, en sus diferentes variantes (física, psicológica, estructural o simbólica), forma parte de la vida en comunidad y de la propia sociedad, por ese motivo, se ha establecido un

---

[32] Tomado de: https://womanarthouse.wordpress.com/2021 /01/09 /vns-matrix/

[33] Sadie Plant (1964, Inglaterra) filósofa y escritora feminista.

sistema legal que permita intervenir para prevenir sus diferentes modos y penalizar sus consecuencias.

La sociedad actual muestra una violencia con características multicausales complejas. Se debe considerar en la génesis y el tratamiento de la violencia, las características de cada persona, como la influencia de los factores ambientales. Su relación con los trastornos de personalidad precisa de un análisis detallado, incluyendo el examen de la impulsividad, la regulación emocional, narcisismo y amenazas al yo.

Se ha encontrado una relación entre determinados trastornos de personalidad, como el antisocial, y la conducta violenta, los trastornos mentales están también relacionados con la violencia.

Otros factores, como el abuso de sustancias y las condiciones ambientales son de suma importancia.

El feminismo sigue sosteniendo que la sociedad patriarcal considera que la mujer carece de relevancia y de valía en comparación con el hombre.

4.2.3.- Sororidad.

El feminismo capto las tres grandes ideas o principios de la Revolución Francesa Libertad – Igualdad – Fraternidad, con algunas variantes de acuerdo al grupo de pertenencia,

Luego de evaluar y aplicar los términos igualdad y libertad, centra la atención en fraternidad. Según el diccionario de la lengua española, edición del tricentenario el término "Fraternidad", del lat. *fraternitas, -atis*, significa en su primera acepción: amistad o afecto entre hermanos o entre quienes se tratan como tales y la segunda hermandad.

El feminismo evidencia la necesidad de diferenciarse de lo masculino, por tal razón tiende a utilizar palabras distintas para un significado de similares características, usa sororidad, que según el diccionario antes mencionado es: [1] Amistad o afecto entre mujeres, [2.] Relación de solidaridad entre las mujeres, especialmente en la lucha por su empoderamiento.

A partir de fines del siglo XX, obtenido el tan ansiado acceso a la educación, libertad, igualdad, los derechos políticos y la abolición de lo que se entendiera como el "patriarcado", el feminismo cambia "*Fraternidad*" por "*Sororidad*". Así, reivindica la necesidad de otra ola, que denomina la "**sororidad**".

De modo que la sororidad es la alianza entre las mujeres para erradicar las tendencias misóginas y machistas que se puedan dar en la sociedad.

El significante "sororidad" ya fue utilizado cuatro veces por Unamuno[34] en su novela "*La tía Tula*"[35]. En una de esas ocasiones escribía: "*No es lo mismo, ni mucho menos, lo paternal y lo maternal, ni la paternidad y la maternidad*", y por tanto "*es extraño que junto a fraternal y fraternidad, de frater, hermano, no tengamos sororal y sororidad, de soror, hermana*".

4.3.- El Patriarcado.

Vacca y Coppolecchia (2012) dicen: "*El patriarcado es un sistema político que institucionaliza la superioridad sexista de los varones sobre las mujeres, constituyendo así aquella estructura que opera como mecanismo de dominación ejercido sobre ellas, basándose en una fundamentación biologicista. Esta ideología, por un lado, se construye tomando las diferencias biológicas entre hombres y mujeres como inherentes y naturales. Y por el otro, mantiene y agudiza estas diferencias postulando una estructura dicotómica de la realidad y del pensamiento*".

Agregan que: "*Esta operación de control y dominación que realiza el sistema patriarcal puede ser analizada desde la*

---

[34] Miguel de Unamuno y Jugo (1864-1936) Escritor y filósofo español. Cultivó gran variedad de géneros literarios.

[35] "La tía Tula" es una novela escrita por Miguel de Unamuno y Jugo en 1907, publicada en 1921.

óptica de Foucault a partir de su noción de biopoder. Esto es, un poder que se caracteriza por la utilización de técnicas diversas que buscan "obtener la sujeción de los cuerpos y el control de las poblaciones" [Foucault, 1976, p.169]. Un poder que está presente en diversas instituciones sociales con el fin de mantener los principios del patriarcado; instituciones como la escuela, el sistema penitenciario, el derecho".

La aparición del concepto de *patriarcado*, con sus connotaciones actuales, puede situarse en el año 1970 cuando aparece el libro de Kate Millet, *"Política Sexual"*.

Christine Delphy conceptúa que existen tres acepciones del término patriarcado: 1) Origen religioso, hace referencia al sistema que se organiza a partir del patriarca, hombre que no depende de ningún otro y que tiene autoridad sobre una familia y un dominio; 2) Contrapone el derecho paternal a un supuesto anterior derecho maternal que habría sido sustituido; 3) Concepto feminista, el poder de los hombres sobre las mujeres, inaugurada por Kate Millet. (Delphy - 1982)

Carole Pateman habla de tres patriarcados:

1.- <u>El patriarcado tradicional</u>, pre moderno, en el que la autoridad del padre en la familia es el modelo para otras relaciones de poder, que lo emulan.

2.- <u>El patriarcalismo clásico</u> que afirma que el poder patriarcal y político son poderes equivalentes y cada uno ocupa su espacio.

3.- <u>El patriarcado moderno</u>, que se inicia con la era contemporánea sosteniéndose gracias al relato contractual. Estructura la sociedad civil capitalista y es de tipo fraternal: los hombres pactan, como hermanos, como iguales, la subordinación de las mujeres mediante su exclusión de la esfera pública a través del contrato matrimonial. (Pateman - 1988)

El concepto "Patriarcado" ha sido utilizado por el feminismo como una herramienta útil, para establecer su poder en el mundo.

En el mismo sentido Valerie Bryson[36], ha dicho: "*muchas mujeres han descubierto que el concepto feminista del "patriarcado" les proporciona una nueva y poderosa forma de ver el mundo, que tanto hace sentir sus propias experiencias y al identificar la medida, hasta ahora invisible, del poder de los hombres, proporciona el primer y vital paso para la política feminista*". (Bryson - 1999)

Kate Millett decía en su teoría de las relaciones sociales, lo que para ella es el patriarcado: "*si consideramos el gobierno patriarcal como institución en virtud de la cual una mitad de la población (es decir, las mujeres) se encuentra bajo el control de la otra mitad (los hombres) descubrimos que el patriarcado se apoya sobre dos principios fundamentales: el macho ha de dominar a la hembra, y el macho de más edad ha de dominar al más joven*" y "*que "la transmutación que una coalición de los diversos grupos desposeídos (los negros, los jóvenes, las mujeres y los pobres) trataría de imponer a los valores fundamentales constituiría el arranque de una verdadera revolución*". (Millett - 2010)

Para Millett el patriarcado es un sistema de jerarquización de los seres humanos basado en su pertenencia a un género, que es un conjunto de asignaciones de carácter, inclinaciones y roles en función de su pertenencia a un sexo biológico. No es sino una construcción cultural edificada sobre una diferencia natural.

4.4.- La Institución de la Maternidad y feminismo.

Simone de Beauvoir (1949) plantea que la maternidad es natural, porque la cultura patriarcal la naturalizó; el patriarcado estableció en el psiquismo femenino el ser madre como uno de

---

[36] Valerle Bryson (1948) Politóloga británica y feminista

los pilares de su subjetividad, un lugar de subordinación y de exclusión de la categoría sujeto social.

Betty Friedan[37] con su obra *"La mística de la feminidad"* (Friedan - 2009) denuncia la idealización y la normalización que se hace del rol de la mujer en términos de autorrealización. Considera que se realiza a partir de la construcción social de la mujer como madre, esposa bondadosa y asexual, características que según la autora enmascaran su realidad: su aislamiento social, su falta de expectativas de vida y de autonomía debido a la sumisión al patriarca.

Entre la década de 70 y 80 surge una corriente del feminismo originada de la unión de los movimientos pacifistas, ecologistas y feministas que integra la temática ecologista. El término es creado por la ecofeminista francesa Françoise d'Eaubonne (1920-2005) en 1974.

El ecofeminismo y las feministas de la diferencia distinguen la maternidad como institución y como experiencia.

Para Shulamith Firestone[38]: *"la maternidad y la institución que sobre ella se construye, la familia, en la que se produce desde las primeras épocas una preponderancia del hombre sobre la mujer y los niños, es el punto de construcción de todo el entramado patriarcal. El patriarcado es una construcción artificial elaborada sobre una necesidad material natural que ha marcado la evolución de la especie humana con un sesgo de desigualdad".* (Firestone - 1976)

Respecto de la maternidad, Adrienne Rich[39] expresa claramente en sentir feminista en su obra *"Nacemos de Mujer. La maternidad como experiencia e institución"* (Rich - 1986) analiza el surgimiento histórico en el siglo XIX de la maternidad

---

[37] Ver punto 4.1.2.-

[38] Ver punto 4.1.2.-

[39] Adrienne Cecile Rich. (1929-2012) Poeta, intelectual, crítica, feminista y activista estadounidense.

intensiva, restringida al hogar y disociada del mundo público, del trabajo y la producción. La *maternidad como experiencia* es la relación potencial de cualquier mujer con los poderes de la reproducción y con los hijos, mientras que la *maternidad como institución* tiene como objetivo asegurar que este potencial permanezca bajo el control patriarcal. *"La institución de la maternidad revive y renueva todas las demás instituciones"*.

Menciona que la función de la medicina y sus tecnologías patriarcales, son para garantizar el sometimiento de los cuerpos de las mujeres a la *"Institución de la Maternidad"*, al apropiarse de los procesos reproductivos. Considera que el parto no es un hecho aislado sino *"como un continuum, entrelazado inextricablemente con todo el espectro de la vida de una mujer"*, *"lo que se juega en el parto es nada menos que toda nuestra socialización como mujeres"*.

Agrega que en el patriarcado el parto ha sido organizado como un tipo de producción. El patriarcado ha producido una separación entre reproducción y sexualidad, que considera ligadas formando parte como un "continuum de experiencias y ambas sujetas a la institucionalización". El patriarcado se sostiene en la maternidad y la heterosexualidad en sus formas institucionalizadas, que deben ser tratadas *"como la naturaleza misma"*.

Sectores de feministas lésbicas y separatistas acuerdan controlar el acceso de los hombres a las mujeres, acceso que ha estado garantizado por tres instituciones: la heterosexualidad, el matrimonio y la maternidad. Desde esta postura propician comunidades sin hombres, la no reproducción, el rechazo a las relaciones heterosexuales, el celibato, los programas de estudios de mujeres, entre otros.

4.5.- Corrientes del feminismo.

A lo largo de la historia siempre han existido mujeres que han denunciado y luchado por mejorar sus condiciones de vida, por lo que se puede decir que el feminismo ha existido desde siempre. Los movimientos más o menos organizados que han protagonizado la lucha por los derechos de las mujeres tienen lugar a lo largo de los siglos XIX y XX.

Principalmente, se destacan dos grandes momentos históricos: el primero, a finales del siglo XIX hasta mediados del siglo XX, con las primeras sufragistas, y el segundo, a partir de los años 60 hasta la actualidad.

4.5.1.- Feminismo liberal.

Los primeros filósofos políticos liberales, como John Locke, Jean Jacques Rousseau, que habían defendido la regla de la razón, la igualdad de todos, no incluyeron a las mujeres en su comprensión de los merecedores de la igualdad, en particular la igualdad política.

El feminismo liberal ha disfrutado de una larga historia en los siglos XVIII y XIX con pensadoras como Mary Wollstonecraft[40], Elizabeth Cady Stanton[41], Marie Gouze[42], y otras argumentando a favor de los derechos de la mujer en la base de la comprensión filosófica liberal. El movimiento por la igualdad de derechos de las mujeres, especialmente la lucha por el derecho al voto, se basó principalmente en el pensamiento liberal.

En oposición a los valores feudales, la filosofía liberal desarrolló la creencia en la igualdad natural y la libertad de los seres humanos. Defendían una estructura social y política que reconoce la igualdad de todas las personas y que proporciona igualdad de oportunidades. Esta filosofía fue rigurosamente racional y secular y, a su vez, la potencia plena y progresiva formulación de la mayor parte del período de la Ilustración. Se caracterizó por un intenso individualismo. Sin embargo, los famosos filósofos liberales del siglo XVIII como Rousseau y

---

[40] Ver punto 2.1.1.

[41] Ver punto 3.1.1.

[42] Ver punto 2.1.1.

Locke no aplican los mismos principios a la familia patriarcal y a la posición de las mujeres en ella.

En la siguiente fase del movimiento de mujeres a finales de 1960, entre las principales defensoras de las ideas liberales se encuentran Betty Friedan[43], Pat Schroeder[44].

Friedan contribuyó a fundar en 1966 la "Organización Nacional de Mujeres" Las feministas liberales surgieron de entre las que estaban trabajando en los grupos de derechos de la mujer, las agencias gubernamentales, comisiones, etc. Su preocupación inicial era conseguir modificar las leyes que niegan la igualdad de las mujeres en el ámbito de la educación, el empleo, etc.

También hicieron campaña contra las convenciones sociales que limitan las oportunidades de las mujeres sobre la base del género. Pero a medida que estas barreras legales y educativas comenzaron a caer, se hizo evidente que la estrategia liberal de cambiar las leyes dentro del sistema existente, no era suficiente para lograr la justicia y la libertad de las mujeres. Entonces ellas cambiaron su énfasis a la lucha por la igualdad de condiciones, en lugar de limitarse a la igualdad de oportunidades.

Las mujeres pertenecientes a este movimiento, entienden que el acceso a la educación es fundamental para la igualdad de derechos y oportunidades. Asimismo, creen que tanto las mujeres como los hombres debe gozar de igual libertad para decidir cuál debe ser sus funciones políticas, sociales, educativas y abolir todas aquellas leyes y actividades que impidan la igualdad de derechos y oportunidades.

El feminismo liberal se fundamenta en la idea del liberalismo clásico, que considera que los individuos deberían ser libres para desarrollar sus propios talentos y perseguir sus propios intereses. Aceptan la organización básica de la sociedad, pero

---

[43] Ver punto 4.1.2.

[44] Patricia Scott Schroeder (1940) Conocida como Pat Schroeder. Abogada estadounidense. Feminista.

tratando de ampliar los derechos y oportunidades de las mujeres. Se oponen a los prejuicios, la discriminación que obstaculiza las aspiraciones de las mujeres.

En resumen, el feminismo liberal recoge el legado universalista de la Ilustración y lo va a erigir en una de sus bases teóricas. La apelación a la justicia y al principio de igualdad, serían fundamentales en el feminismo liberal. Toman la igualdad como un derecho natural, por tanto universal, y la afirmación de los derechos individuales fueron los principios claves del sufragismo norteamericano, junto con el reconocimiento de la ciudadanía y el derecho a la educación.

Algunos historiadores consideran al feminismo del siglo XIX como "liberal o moderado", porque sus actuaciones no estarían buscando trastocar las estructuras de dominación, ni el poder patriarcal, sino acomodarse dentro del marco establecido.

4.5.2.- Feminismo radical.

En la década de los 60 en Estados Unidos nace el "*Movimiento de Liberación de la Mujer*" que fundamentado en las teorías marxistas, entiende que la sociedad está compuesta por un sistema de sexos y clases sociales, lo que les lleva a estudiar el papel de las mujeres en las organizaciones políticas y a impulsar su propio movimiento de liberación.

En contraste con el enfoque pragmático adoptado por el feminismo liberal, el feminismo radical considera que la sociedad debe ser remodelada y reestructurada sus instituciones, que las ven como patriarcales.

En esta época se destaca el feminismo radical que reunía a grupos y posiciones teóricas de las feministas del momento. Se desarrolló durante los años 1967 y 1975 en Estados Unidos fundamentalmente. Cabe destacar a Kate Millett[45] con la obra

---

[45] Ver punto 4.1.2.

"*Política Sexual*" (1971) que entre otros temas que abordaba, decía: "*Se poseen algunas pruebas de que, en la sociedad arcaica, los cultos relacionados con la fertilidad se orientaron, en un momento determinado, hacia el patriarcado, subestimando y degradando la función de la mujer en la procreación y atribuyendo el principio vital únicamente al falo*".

A partir de la década de los 80, se produce una escisión importante y en ella surge una gran diversidad de opciones. Este movimiento es denominado por algunas autoras *Postfeminismo*. Algunas de las diferentes corrientes que lo integran son:

4.5.2.1.- Feminismo lesbiano.

El feminismo lésbico surge en la década de los 70 y su popularidad alcanzó las orillas de los 80, sobre todo en Norteamérica y Europa Occidental.

La insatisfacción de las mujeres lesbianas con la lucha feminista se vio avivada por la normatividad sexual de los discursos, el feminismo lesbiano dijo basta a la naturalización de la heterosexualidad y abrió debate sobre las raíces de este pensamiento: el patriarcado, el capitalismo y el colonialismo.

Mantiene que la homosexualidad lesbiana no es sólo una cuestión de preferencia sexual o de derechos civiles, sino una forma de vida que combina lo personal con lo político.

Fueron las primeras que denunciaron públicamente la gravedad de la violencia contra las mujeres y propusieron la creación de centros de acogida. Su influencia en la sociedad actual ha sido decisiva.

4.5.2.2.- Feminismo psicoanalítico.

Estudia el modo en que afecta a la vida emocional y la sexualidad a las mujeres y la opresión que sufren. Afirma que las raíces de esta opresión están ancladas en la *psique* y para liberarse es necesario llevar a cabo una revolución interior.

Interpreta la opresión de la mujer como un fenómeno que se produce en los procesos psicológicos, es en definitiva una interpretación de la teoría freudiana aplicada a la reivindicación para cambiar los valores de las etiquetas masculino y femenino.

"...parten de la teoría de Freud y del psicoanálisis...centrándose sobre todo en el proceso de formación de las identidades sexuales. Algunas deben mucho al trabajo intelectual del francés Jaques Lacan, quien desarrollando las ideas de Freud para entender cómo el género se codifica en el lenguaje desde la infancia". (Macionis y Plummer - 2011)

4.5.2.3.- Feminismo postmodernista.

El feminismo postmoderno se centra en buscar y analizar los fundamentos que demuestren que la filosofía y las teorías del conocimiento no son unitarias.

Afirma que la tradición modernista está en declive. Se sustenta en la existencia de la razón, capaz de separarse de lo corporal, lo subjetivo, del lugar y el tiempo histórico

Cuestiona la diferencia como concepto analítico por hacer alusión al proceso de dominación. Trata de hacer una crítica social, sin basarse en la filosofía, con el objetivo de que la crítica surja libremente y sin ninguna perspectiva teórica universal, resultando ser una crítica más pragmática, ello altera indudablemente el papel del intelectual.

Contar con un concepto claro de postmodernismo es difícil, en la medida en que se basa en una propuesta de análisis en donde la apertura, abre las posibilidades de explicación, pero a la vez, permite la entrada a la contradicción.

El postmodernismo cuestiona así los conceptos universales, las nociones de progreso, a la ciencia en sí, a la existencia de una naturaleza y realidad humana, a una historia lineal y definitivamente a los poderes de la razón. Para las feministas postmodernas, el feminismo replicó los mismos errores de la ciencia masculina, dado que impulsaron el desarrollo de principios universales y esencialistas que representaban las voces únicamente de las mujeres blancas occidentales, burguesas, heterosexuales y cristianas

4.5.2.4.- Feminismo pos-estructural.

Analiza la actuación del patriarcado en todas sus manifestaciones. Sostiene que los distintos significados de "*ser mujer*" se modifican y cambian a consecuencia de las variaciones y cambios discursivos en la cultura y en la historia. Por lo tanto, hay que ofrecer a las mujeres un espacio discursivo propio en el que puedan exponer sus puntos de vista.

4.5.2.5.- Feminismo de la diferencia.

Como reacción al Feminismo Radical, surgieron a partir de la mitad de la década de los setenta los "*Feminismos de la Diferencia*", manteniéndose hasta el presente. Éstos apelan a la existencia de las diferencias biológicas, psicológicas y sociales entre hombres y mujeres, al mismo tiempo que ponen en una escala de valores diferentes las particularidades de cada sexo. De este nuevo paradigma se desarrollan varias corrientes:

* Feminismo cultural de la diferencia.
* Feminismo francés de la diferencia.
* Feminismo italiano de la diferencia.

4.5.2.5.1.- Feminismo cultural de la diferencia.

Representa una *contracultura femenina*, en donde se denigra lo *masculino* y se ensalza lo *femenino* en todos sus aspectos. (Osborne - 2005)

Así pues, se alude al mundo lésbico como "*única salida*" hacia la comprensión de la esencia y de la naturaleza femenina. En este sentido, se entiende a "*lo femenino*", como un ámbito más desarrollado y evolucionado pues se sobrevalora la esfera emocional, propia según este paradigma, de la naturaleza femenina.

La representante más significativa de esta corriente de pensamiento es la estadounidense Alice Echols[46].

4.5.2.5.2.- Feminismo francés de la diferencia.

Se entiende como un movimiento de características muy *intimistas*. Parte del existencialismo de Simone de Beauvoir y de la constatación que la *mujer* es absolutamente "*lo* otro"; por tanto hombres y mujeres mantienen distintas dialécticas. La representante más importante de esta corriente es la francesa Luce Irigaray[47] (Posada - 2005)

4.5.2.5.3.- Feminismo italiano de la diferencia.

Se desarrolló hacia 1970 principalmente en torno a la Librería de las Mujeres de Milán, que formaron *el* Grupo DEMAU (*Demistificazione Autoritarismo Patriarcale*). Entre otras cuestiones, sostiene que las leyes tienen una base patriarcal y nunca su aplicación es neutral. Abogan por los valores esencialmente femeninos y ponen el matriarcado como alternativa al patriarcado para generar un nuevo orden simbólico en la sociedad. (Posada - 2005) Una de las representantes más paradigmáticas de este movimiento fue la italiana Carla Lonzi[48].

---

[46] Alice Echols (1951) Profesora de historia estadounidense y presidenta de Estudios de Género Contemporáneo de Barbra Streisand en la Universidad del Sur de California.

[47] Luce Irigaray (1930) Lingüista, filósofa y psicoanalista feminista francesa de origen belga.

[48] Carla Lonzi (1931-1982) Crítica de arte, escritora italiana, feminista. Fundadora del colectivo feminista Rivolta Femminile, que en 1970 publican el Manifiesto de la Rivolta Femminile.

4.5.2.6.- Feminismo institucional.

La Sociedad de las Naciones, Sociedad de Naciones o Liga de Naciones, organismo internacional creado por el Tratado de Versalles el 28 de junio de 1919, acuerdan un pacto en el que consignan en lo referente a la mujer:

Artículo 7:

"…Los cargos de la Sociedad y de los servicios anejos a la misma, inclusive la Secretaría, serán accesibles a los hombres y a las mujeres por igual…".

Articulo 23

"…Se esforzarán en asegurar y mantener condiciones de trabajo equitativas y humanitarias para el hombre, la mujer y el niño en sus propios territorios, así como en todos los países a que se extiendan sus relaciones de comercio y de industria, y para este fin fundarán y conservarán las necesarias organizaciones internacionales…"
"…Confiarán a la Sociedad la inspección general de la ejecución de los acuerdos relativos a la trata de mujeres y de niños y al tráfico del opio y demás drogas perjudiciales…"

A partir de este pacto, la situación de las mujeres fue asumida por los organismos internacionales, hasta el punto de que en 1946 se crea al amparo de Naciones Unidas la Comisión sobre el Estatus de las Mujeres. Hasta entonces, el feminismo se había desarrollado alejado del poder.

Es entonces cuando van teniendo lugar sucesivamente las distintas conferencias mundiales de la ONU sobre la Mujer en México (1975), Copenhague (1980), Nairobi (1985), Beijing (1995) y Nueva York (2000).

4.5.2.7.- Feminismo socialista o marxista.

El feminismo se desarrollaba con la lucha contra el patriarcado, y el socialismo como la lucha contra sistema capitalista o de clases.

Varias obras de los setenta fueron intentos de conciliar

teóricamente feminismo y socialismo y defienden la complementariedad de sus análisis. Así lo hicieron, entre otras muchas, Sheyla Rowbotham[49] y Zillah Eisenstein[50].

Las feministas socialistas han llegado a reconocer que las categorías analíticas del marxismo son ciegas al sexo y que la *"cuestión femenina nunca fue la "cuestión feminista"*, pero también consideraban que el feminismo es ciego para la historia y para las experiencias de las mujeres trabajadoras, emigrantes o "no blancas". (Hartmann - 1980)

De ahí que sigan buscando una alianza más progresiva entre los análisis de clase, género y raza. Pero en esta renovada alianza, el género y el patriarcado son las categorías que vertebran sus análisis de la totalidad social.

4.5.3.- Otras corrientes del feminismo.

Existen otros feminismos derivados de diferentes corrientes de pensamiento, como el feminismo cristiano, el marxista, el libertario, el humanista, el cultural, el feminismo musulmán, el cyberfeminismo, los grupos de presión, etc., que reflejan las preocupaciones de las mujeres.

---

[49] Sheila Rowbotham (1943) Historiadora feminista, socialista británica.

[50] Zillah Eisenstein (1948) Política y académica feminista.

Capítulo 5.

5.1.- Antifeminismo.

A medida que el feminismo gana centralidad y difusión, también aumentan voces en contra de algunos aspectos muy radicales del feminismo. Surge en esta forma un antifeminismo y que se puede definir como un contra movimiento en oposición a las ideas y políticas que integran el movimiento feminista. (Lamoureux y Dupuis-Déri - 2015)

Lamoureux y Dupuis-Déri (2015) definen al contra movimiento como: *"un conjunto de opiniones y creencias en una población, opuesta a un movimiento social"*. Agregan que la interacción *"movimiento-contra movimiento"* es una característica constante de los movimientos sociales contemporáneos y, de hecho, de la política contemporánea.

Existen opiniones que se oponen en denominar contra movimiento, pero se pueda o no llamar contra movimiento, existen voces y grupos que se oponen a muchos de los conceptos que trata de imponer el feminismo, o bien, ya están impuestos en muchos países.

En ese sentido se puede observar publicaciones en Web of Science que contienen el término *"antifeminism"*, en sus diferentes variantes; y el término *"anti-gender"* ya sea en el título; resumen o palabras clave. Tal y como se evidencia; la mayoría de las publicaciones dan cuenta de la creciente relevancia del fenómeno antifeminista.

Así mismo, se observa a partir de 1997 la aparición de publicaciones que contienen el término *anti-gender*, asociado al antifeminismo de base religiosa, evidenciando su crecimiento en los últimos años, con un pico de publicaciones en 2019. Posiblemente; el crecimiento de la literatura sobre *anti-gender* en los últimos años sea una consecuencia del ciclo de movilizaciones desarrollado por el neoconservadurismo religioso en Europa y América Latina

Pero la existencia de oposición a las ideas y las políticas es evidente, es decir oposición al fondo y forma de las ideas contemporáneas del feminismo radical.

Los antifeminismos comparten la construcción de su identidad por oposición al movimiento feminista, pero sus motivaciones, formas de organización y repertorios de acción son distintos.

Actualmente se destacan varias líneas de investigación sobre el antifeminismo:

5.1.1.- Las contra olas al feminismo.

La primera contra ola al feminismo surge ante el movimiento sufragista, que pide extensión del sufragio a las mujeres.

Este anti sufragismo es un contra movimiento, que se desarrolla en los países anglosajones en los que existía un movimiento sufragista organizado, del debate acerca del derecho a voto de las mujeres.

Esta primera contra-ola no termina con el anti sufragismo, sino que encontraría su epílogo en la contrarrevolución conservadora de entreguerras a través de la promoción de las ideologías natalistas, el culto a la virilidad, el ensalzamiento de un modelo tradicional de feminidad y de familia, que culmina con el ascenso de los nacionalismos y los fascismos.

La segunda contra ola se manifiesta como reacción a la campaña de la Enmienda de Igualdad de Derechos y a los avances en la lucha por la despenalización del aborto en Estados Unidos.

La lucha contra la despenalización del aborto une al antifeminismo cristiano, a través de la *Nueva Iglesia Cristiana* de base evangélica y su alianza con el Partido Republicano.

Morton (2019) refiere que ayudó sobremanera en la lucha contra la despenalización del aborto, el impulso dado por el movimiento STOP ERA (*Stop Taking Our Privileges*) formado por mujeres conservadoras. Este movimiento reivindicaba el rol de ama de casa y consideraban que la aprobación de la ERA abría las puertas a una pérdida de sus "privilegios": las pensiones de viudez y la no participación de las mujeres en el servicio militar obligatorio. Estaba formado por mujeres organizadas en la misma forma que las feministas, de clase media y alta, que compartían valores religiosos y conservadores.

En la tercera contra ola se considera:

- El movimiento anti-género;
- Los ciber-antifeminismos;
- Antifeminismos interseccionales.

5.1.1.1.- El movimiento anti- género.

5.1.1.1.1.- El sexo.

Se denomina *sexo* al conjunto de características biológicas de un organismo, que permiten diferenciarlo como portador de uno u otro tipo de células reproductoras o gametos (óvulos o espermatozoides), o de ambos (organismos hermafroditas).

Sexualidad, por su parte, se refiere a las actividades que los organismos llevan a cabo para poder intercambiar el material genético y conseguir una mayor diversidad y adaptación al medio.

De Juan y Col (2001) relatan que entre los organismos animales existen dos grandes variedades atendiendo al origen de sus gametos:

a) *organismos gonocóricos*: con dos tipos de individuos, atendiendo a sus gametos y características sexuales. En ellos podemos hablar de dos sexos, uno portador de los gametos masculinos y otro portador de los gametos femeninos; y

b) *organismos hermafroditas* que son portadores de ambos gametos y por lo tanto de ambos sexos (*hermafroditas verdaderos o sincrónicos*).

En el ser humano se acostumbra a hablar de dos sexos, masculino (*hombre*) y *femenino* (*mujer*), así como de una serie de características que nos permiten establecer diferencias entre ambos.

Hunter (1861) define los *caracteres sexuales* en *primarios*, presentes ya al nacer, y *secundarios,* los que se adquieren con el desarrollo sexual en la pubertad.

Actualmente en los caracteres sexuales humanos se pueden consideran:

1. **Sexo genético** que se encuentran contenidos en los genes. En los cromosomas de todas las células del cuerpo (sexo cromosómico). Son el par de cromosomas denominados sexuales, XX para la mujer y XY para el hombre, y los genes implicados, como el gen SRY (*Sex-determining gene region of the Y chromosome*), ubicado en el brazo corto del cromosoma Y del varón. Es un factor crítico para iniciar la determinación del sexo masculino al activar el tejido gonadal no diferenciado para que se transforme en testículos.

2. **Sexo gonadal** consistentes en la presencia de los ovarios, con sus óvulos y hormonas esteroideas femeninas (*estrógenos y progesterona*), en la mujer. Testículos, con sus espermatozoides y hormonas esteroideas masculinas (*andrógenos*), en el hombre.

3. **Sexo hormonal**. Por ser las hormonas las responsables del desarrollo y normal funcionamiento del resto de los

caracteres sexuales y del organismo en general. En el caso de los *andrógenos*, no sólo basta con su producción, sino que es necesaria la presencia de receptores para ellos, en las células de los genitales externos. Un factor importante en el desarrollo sexual es el denominado *Factor Determinante del Testículo* (TDF, siglas de *testis determining*) Este factor se localiza en el brazo corto del cromosoma Y34, donde se identificó el mencionado gen SRY. El testículo también es responsable de la producción de una proteína, la *sustancia inhibidora del conducto de Müller*, implicada en la diferenciación sexual masculina, especialmente en la secuencia de eventos que determinan la regresión de los conductos de *Müller* y la no formación del útero, trompas de Falopio y tercio superior de la vagina.

4. **Sexo genital** las características diferenciales que existen en el tracto genital femenino (trompas de Falopio, útero, vagina y vulva) y en el masculino (epidídimo, conducto deferente, vesículas seminales, próstata y genitales externos).
5. **Caracteres sexuales secundarios**. Aquellos rasgos y características somáticas que a primera vista nos evocan feminidad o masculinidad, tales como: desarrollo de las mamas, distribución de la grasa y del vello, forma del esqueleto, desarrollo muscular, características de la voz, características y textura de la piel, etc.
6. **Sexo psicológico** representado por la libido, el instinto de pareja, diferencias neurobiológicas, el instinto maternal, etc.

Nabhan y Lee (2007) manifiestan que aunque con este listado de características sexuales parecería casi imposible que ningún ser humano pudiera caer fuera de las categorías biológicas de hombre o mujer, sin embargo existen situaciones de difícil catalogación recogidos bajo el nombre de *Trastornos del Desarrollo Sexual* o DSD o DSDs en plural, según su abreviatura en inglés *Disorders of Sex Development*. Se trata de una terminología utilizada para desplazar términos como *"intersexo"*, *"tercer sexo"*, *"pseudohermafroditismo"*, *"hermafroditismo"*, *"sex reversal"*, etc., porque son considerados, con frecuencia, ofensivos para las personas portadoras de estas situaciones.

5.1.1.1.2.- Género e identidad.

La palabra *género* no está exenta de usos e interpretaciones ambiguas.

Género se emplea como sinónimo de *sexo*, otras veces se utiliza para designar una *construcción teórica social*, en el que se separa todo lo biológico y por último, es considerada como un elemento meramente lingüístico.

Identidad hace referencia a *"cómo se considera uno así mismo"*: ¿cómo hombre? o ¿cómo mujer?; ¿cómo homosexual, heterosexual o bisexual?, etc.

Resulta muy importante recordar a Simone Lucie Ernestine Marie Bertrand de Beauvoir, conocida como Simone de Beauvoir, que con su libro *"El Segundo Sexo"* de 1949, introduce el concepto de género, sin nombrarlo, dado que el término surgió y empezó a utilizarse a partir de los años setenta del siglo pasado.

En el libro mencionado realiza la afirmación:

"No se nace mujer, se llega a serlo"

Beltrán y Maquieira (2005) mencionan que con tal aseveración, está anunciando el controvertido concepto de género. Sin hablar de este término, Simone de Beauvoir establece de lo que realmente significa: que ser mujer o lo femenino nada tiene que ver con la biología, sino con una construcción cultural y social sobre el sexo, que afecta por igual a lo femenino y a lo masculino.

Estas reflexiones han provocado ciertas revisiones posteriores, algunas bastante polémicas, que defienden la existencia de varios géneros y pretenden superar la oposición entre lo masculino y lo femenino; también se ha planteado el hecho de que si el género es una construcción, las mujeres pueden decidir cuál de ellos les interesa, ofreciéndose opciones que no se limitan exclusivamente al ser hombre o mujer según las visiones "tradicionales". En concreto, se defiende que las mujeres cuándo *"llegan a ser"*, así se puede entender también el concepto de género, están influidas por los usos y la cultura, pero también son capaces de elegir; por tanto, las mujeres están en condiciones de optar por el género que desean, teniendo en cuenta que puede haber más de dos géneros. (Butler - 2007*)*

A pesar de la paradoja que encierran estos discutibles planteamientos, su éxito en ciertos ambientes, sobre todo de tono postmoderno, es incuestionable.

Para John Money (1981 y 1991) la identidad de género es la *propia categorización* de una individualidad como hombre, mujer o ambivalente, en la que uno tiene autoconciencia de los propios procesos mentales y de las conductas propias. Aquí entendemos la *identidad de género* como la conciencia de sentirse hombre o mujer

Las sociedades se ordenan en torno a normas que establecen cómo será la interacción social.

Un ordenamiento importante es el estatus o la posición que ocupa una persona en la sociedad o dentro de un grupo social, lo cual establece como será definido y tratado. El estatus indica una posición dentro del sistema social y hay estatus de alto prestigio y estatus de bajo prestigio.

Los estatus considerados más importante son el género, la raza y la clase social.

Un rol es el comportamiento esperado que está asociado a un estado. Los roles se realizan de acuerdo a las normas sociales, reglas compartidas que guían el comportamiento de las personas en determinadas situaciones.

El estatus de madre pide roles esperados que involucre amor, crianza, sacrificio personal, ama de casa. El estatus de padre pide roles esperado de sostén de la familia, disciplinario, máximo responsable en la toma de decisiones familiares,

La sociedad permite cierto grado de flexibilidad en la representación de roles, pero cuando se produce un rápido cambio social, los roles llegan a un límite, produciendo incertidumbre acerca de cuál debe ser el comportamiento de rol apropiado.

Gooren (2006) refiere que el *papel de género* (*Gender Role*) es la *manifestación pública* de la propia identidad de género, lo que uno dice y hace, es la base para que se infiera que es un hombre o una mujer.

Son los rasgos de conducta, actitud y personalidad que una sociedad, en un determinado periodo histórico y cultural, designa como masculino o femenino. Lo que esa sociedad "espera" de una persona con un determinado sexo o adscrita a un determinado género, en el "entendimiento" de que a cada sexo/género se le atribuye, cultural y socialmente, un determinado comportamiento.

Las humanidades y las ciencias sociales definen el papel de género como un conjunto de *normas de conducta* asociadas a hombres y mujeres, respectivamente, dentro de un determinado grupo o sistema.

5.1.1.1.3.- Naturaleza, sexo y educación.

Existe un debate entre sexo, como el conjunto de características biológicas con las que un ser humano nace y evoluciona psicológica y físicamente, hasta el desarrollo de los caracteres sexuales secundarios, y género considerado como identidad, construcción social parcial y no unánimemente aceptada que desencadena Beauvoir.

En los debates sobre si la naturaleza, herencia, biología, genes, y la crianza, el entorno, influyen en el comportamiento humano, surge la pregunta: ¿Cuánto está determinado por cada uno?

Margaret Mead (1901-2001) antropóloga y poeta estadounidense, realizo un estudio en 1930 en tribus de Nueva Guinea, donde observó el comportamiento de hombres, mujeres y sus hijos. Concluyó que lo masculino y lo femenino están determinados culturalmente, más que biológicamente.

LeVine (1990) relativiza las conclusiones de Mead y dice: "*su mensaje de que el género constituye una arena de gran variabilidad en la experiencia humana, ha confirmado bajo evidencia empírica*".

La genética concede a hombres y mujeres diferentes capacidades. Otras diferencias biológicas como los andrógenos prenatales refuerzan los patrones genéticos para que niños y niñas tomen diferentes caminos de vida.

La sociobiología afirma que como los animales, los humanos están estructurados por la biología, es decir por la naturaleza, dado que los genes se transmiten a la siguiente generación. Este es el factor motivador de todo el comportamiento humano.

Los sociobiólogos consideran que los principios de la evolución que apuntan a la supervivencia de las especies, proporcionan la mejor comprensión de cómo se desarrollan los comportamientos sociales de género.

Para la neurociencia el género en binomio con el sexo, como el principal elemento de continuidad de los roles sociales, y el principal factor de categorización social de niñas y niños. (Carothers y Reis - 2013)

A diferencia de un concepto estable, el género se encuentra en continua discusión dentro de las corrientes feministas. (Fraisse - 2016)

Dado este debate, ignorado generalmente en las neurociencias, la visión que se tiene y el uso que se hace del concepto "*género*" en estas ciencias pueden resultar reduccionistas o inadecuados. (Rippon y Col. - 2014)

Una de las prácticas habituales en el ámbito de las neurociencias y neurociencia aplicada en educación es asimilar el concepto de género al de sexo. (Dussauge y Kaiser - 2012)

De este modo, se analiza la división de género partiendo de la idea de que es la consecuencia de la dualidad de sexos. No existe, por ello, un acercamiento crítico que ponga en duda esa linealidad, ya que justamente para hablar de educación en y para la igualdad habría que *"deshacer el género"* (Butler - 1990 y 2004), como estructura de un patriarcado que construye la desigualdad a través de los patrones de género. (Johnson (1997) - Pateman (1988) - Lindsey (2015)

Así, es necesario explorar si existe una base científica que otorgue sentido a la separación de los sexos en la educación, como en la multiplicidad de sexos. Para lo cual será necesario revisar si existe una diferenciación antes de que actúe la construcción cultural y social sobre el sexo.

Butler (1990, 2004) considera que el debate feminista de las últimas décadas intenta establecer que el *"sexo biológico"* es un *"sexo construido"*, mientras se construye el "género". Medina-Vicent, Maria (2016) agrega que considerando el tema de esta forma, intentan crear la convicción que la *"normalidad de los dos sexos"* no lo es por ser natural, sino por la convención de normas sociales que dicta que lo es.

5.1.1.1.4.- Noción sobre Desarrollo Sexual Diferente.

El Trastorno o Desarrollo Sexual Diferente comprende enfermedades congénitas con un inusual desarrollo del sexo cromosómico, de las gónadas, y de su anatomía.

La etiología es habitual en niñas 46,XX virilizadas en el útero, solo en un 50% de los niños 46,XY se benefician de un diagnóstico etiológico preciso.

Estos pacientes eran designados como hermafroditas, seudohermafroditas, etc., pero el Consenso de Chicago del año 2005 oficializó el término Desordenes del Desarrollo Sexual.

Como el desarrollo del tema médico de los Desordenes del Desarrollo Sexual excede al tema del libro, se realiza un esquema del mismo.

Clasificación del Desarrollo Sexual Diferente.

Formas Mixtas de Cromosomas	46,XY DSD	46,XX DSD
45,X (Sind. Turner y variantes)	Alteraciones del Desarrollo Gonadal (testicular): 1. Disgenesia Gonadal Completa (Síndrome Swyer); 2. Disgenesia Gonadal Parcial; 3. Regresión Gonadal; 4. Ovotesticular DSD.	Alteraciones del Desarrollo Gonadal (ovárico): 1. Ovotesticular DSD; 2. DSD testicular (ej. SRY+; duplicación SOX9); 3.Disgenesia Gonadal

Formas Mixtas de Cromosomas	46,XY DSD	46,XX DSD
47,XXY (S Klinefelter y variantes)	Alteraciones en la Síntesis o Acción de Andrógenos: 1.Deficiencia en Síntesis (5aR2, 17β-HSD-3, otros déficits) 2. Deficiencia en Acción (CAIS,PAIS) 3. Deficiencia en Receptor de LH (Aplasia/Hipoplasia de Células de Leydig); 4.Alteraciones del gen o receptor de AMH (S Conductos de Müller Persistentes)	Exceso de Andrógenos: 1. Fetal (ej. Deficiencia de 21-Hidroxilasa, Deficiencia de 11-Hidroxilasa); 2.Fetoplacentaria (Deficiencia de Aromatasa o de POR); 3. Maternal (Luteoma, Exógenos, etc.)

Formas Mixtas de Cromosomas	46,XY DSD	46,XX DSD
45,X/46,XY (MGD u Ovotesticular DSD)		Otras: Extrofia de Cloaca, Atresia Vaginal, MURCS y otros síndromes
46,XX/46,XY (Quimera u Ovotesticular DSD)		

5aR2: deficiencia de 5-a-reductasa-2; 17β-HSD-3: 17β-hidroxiesteroide deshidrogenasa-3; CAIS, PAIS: Insensibilidad Completa a Andrógenos; POR: P450 oxido-reductasa; MURCS: anomalías Müllerianas, renales, cervico-torácicas. Tomado de: Publicación de la Sociedad Española de Endocrinología Pediátrica. III Curso de Actualización sobre Desarrollo Sexual Diferente (DSD) (no HSC)

5.1.2.- Antifeminismo en el estado y feminismo de Estado.

Woodward (2003) llama triángulos de terciopelo al *"Feminismo de Estado"*, formado por políticas públicas favorables a los derechos de las mujeres, impulsadas por alianzas entre activistas, académicas e instituciones que las hacen posibles

Mazur y McBride (2008) consideran que el *"Feminismo de Estado"* produce acciones para que las mujeres se incorporen al estado y produzcan demandas e ingresen personas del movimiento feminista, para ocasionar acciones y efectos feministas en términos políticos, de impacto social o ambos.

Hablar de feminismo de Estado es poner en evidencia varios fenómenos:

1. Lugar que ocupan las feministas en el estado;
2. Leyes, políticas y servicios que promuevan la emancipación y la toma de poder por feministas;
3. Instituciones estatales abiertamente feministas.

En los estados liberales contemporáneos no existen instituciones cuyo mandato es explícitamente antifeminista. Tampoco hay políticas ni leyes que parecen diseñadas específicamente para atacar el feminismo y feministas.

Como consecuencia de la acción de las llamadas políticas de género del feminismo, desde el ataque al hombre al llamado *"lenguaje inclusivo"*, surge el antifeminismo en el estado.

El antifeminismo en el estado crea sus propias alianzas con aquellos movimientos y gobiernos que deciden orientar su acción para desarrollar políticas antifeministas. Podemos encontrar ejemplos de investigaciones sobre este antifeminismo de estado tanto en la acción de los movimientos antifeministas en Francia y Quebec (Dupuis-Déri, 2015) y otros gobiernos con distinta orientación ideológica, lo que evidencia que el antifeminismo trasciende la divisoria derecha-izquierda, si bien es cierto, tal y como apunta Dupuis-Déri (2013), la mayoría de sus manifestaciones se sitúan en el campo de la derecha y de la extrema derecha.

El antifeminismo, de hombres o mujeres, se puede definir como una acción o discurso, individual o colectivo, que tiene por objetivo de ralentizar, detener o hacer retroceder el feminismo, que es un movimiento hacia la igualdad y la libertad de mujeres en contra hombres.

Los gobiernos de derecha reducen las influencias feministas al disminuir las posibilidades económicas que evitan sus propagandas, disminuir la capacidad de movimiento para este trabajo.

5.1.3.- Antifeminismo religioso.

En la década de 1960 en norteamérica una nueva generación de jóvenes reivindicaba una nueva visión de la sociedad, de las relaciones humanas, de la libertad. Se trató de la contracultura, que acabó conformando una forma de vida y unos códigos de conducta propios, diferenciados del sistema tradicional de valores norteamericanos, y contribuyó a extender una opinión favorable en la sociedad a la igualdad de género y a una mayor tolerancia hacia la homosexualidad y el aborto.

Como reacción surge un nuevo antifeminismo de cariz religioso impulsado por la nueva derecha cristiana (New Christian Right) El origen se produce como consecuencia de la proliferaron grupos de presión de cristianos conservadores: comités de acción política, nuevas editoriales, universidades, programas televisivos se crearon bajo el amparo de nuevas organizaciones que constituirían la llamada New Christian Right (NCR)

Su objetivo la defensa de la familia, la moral y un lenguaje acorde, penetración en el partido republicano. Este antifeminismo se caracteriza por plantear su propuesta política en términos de lucha por la hegemonía cultural en el marco de la denominada *"revolución conservadora"*.

Esta nueva corriente del antifeminismo aparece inicialmente vinculada al conservadurismo evangélico norteamericano, el ascenso al papado de Juan Pablo II propicia su posterior expansión en el ámbito católico. (Bonet-Martí - 2020)

Una muestra de ello, la encontramos en la "*Carta Apostólica Mulieris Dignitatem del Sumo Pontífice Juan Pablo II, sobre la dignidad y la vocación de la mujer, en ocasión del año mariano*", (15 de agosto de 1988), en que dice:

"*…el mensaje bíblico y evangélico custodia la verdad sobre la "unidad" de los "dos", es decir, sobre aquella dignidad y vocación que resultan de la diversidad específica y de la originalidad personal del hombre y de la mujer. Por tanto, también la justa oposición de la mujer frente a lo que expresan las palabras bíblicas "él te dominará" (Gén 3, 16) no puede de ninguna manera conducir a la "masculinización" de las mujeres... en contra de su propia "originalidad" femenina. Existe el fundado temor de que por este camino la mujer no llegará a "realizarse" y podría, en cambio, deformar y perder lo que constituye su riqueza esencial…Los recursos personales de la femineidad no son ciertamente menores que los recursos de la masculinidad; son sólo diferentes…*".

En la década del 90, surge una confrontación internacional, entre la jerarquía eclesiástica y el feminismo, a raíz de la oposición del Consejo Mundial de Iglesias al reconocimiento de los derechos sexuales y reproductivos en la Conferencia Internacional sobre Población y el Desarrollo. Naciones Unidas. El Cairo 5 a 13 de setiembre de 1994, y la Cuarta Conferencia Mundial sobre la Mujer, Reunida en Beijing del 4 al 15 de septiembre de 1995.

5.1.4.- Antifeminismo "masculinista".

El "masculinismo" es la corriente formada por agrupaciones y movimientos integrados mayoritariamente por hombres, que consideran que el feminismo representa una amenaza para el género masculino.

Dupuis-Déri (2018) relata que los movimientos de hombres surgieron con una visión pro-feminista a fin de cuestionar los modelos de masculinidad tradicional, una parte significativa de los mismos acabará derivando hacia posiciones netamente antifeministas.

En el masculinismo se incluyen asociaciones variadas como los movimientos de padres separados, que desarrollan un activismo paterno, movimiento social que desafía la intervención estatal en el ámbito privado, con el objeto de deslegitimizar las instituciones encargadas de regular las separaciones matrimoniales. Actúan como *lobby* político para cambiar las leyes de divorcio relativas a la custodia parental Las prácticas del antifeminismo estatal que estos grupos perciben como una forma de desprestigio de la masculinidad, como el grupo L'Après-Rupture de Quebec

Blackstone (2009) refiere que las primeras asociaciones masculinistas contemporáneas se crean a finales de la década de los años setenta, para contrarrestar los supuestos estereotipos negativos sobre la masculinidad. Adoptan una política de oposición a las iniciativas del movimiento feminista en materia de violencia de género, custodia legal y acción afirmativa.

Otras expresiones del movimiento masculinista serían los grupos no-mixtos formados por hombres que pueden llegar a propiciar estrategias separatistas en relación a las mujeres.

La mayoría de estos grupos comparten un discurso de crisis de la masculinidad, de la cual responsabilizan al movimiento feminista y que situaría al varón en posición de víctima.

5.2.- Dar nuevo impulso al patriarcado en búsqueda de poder.

En los finales de los años sesenta y durante los setenta surge un movimiento social contra el llamado "*sometimiento femenino*", segunda ola del feminismo vinculado a los movimientos sociales de la nueva izquierda.

Este movimiento utiliza la representación del antiguo sistema patriarcal, esta utilización hace que con posterioridad tenga una importante presencia académica e institucionalización política. El movimiento original sufrirá posteriores divisiones.

Pero el pensamiento feminista de los últimos cuarenta años se inclina a teorías sobre el poder, se destacan las propuestas por Amy Allen[51] en *The Power of Feminist Theory* (1999)

La arquitectura feminista para abordar la cuestión de poder establece una Teoría, que según Allen considera:

1. El poder como recurso. Interpreta el poder como la capacidad de hacer que otros hagan aquello que de otro modo no harían. La cuestión problemática para el feminismo es su injusto reparto entre hombres y mujeres.
2. El poder como dominación. Es el *poder sobre*, que interpretan las feministas radicales y socialistas, que consideran el *poder sobre* como una habilidad de un individuo o un grupo, de limitar las opciones de otro en virtud de un conjunto de factores culturales, sociales, institucionales y estructurales.
3. El poder como empoderamiento, o *poder para*. El empoderamiento como una modalidad de *poder para*, y la solidaridad como una modalidad del *poder con*. El *poder para* y empoderamiento son sinónimos. (Allen - 1998b; 1999; 2005)

5.2.1.- El poder como recurso.

Dentro del ámbito de lo político, se define el poder como la capacidad para determinar la conducta del hombre; es decir, se trata del poder del hombre sobre el hombre. La mayoría de los investigadores de la ciencia política coinciden que se ha concebido el poder como un bien que debe ser distribuido.

---

[51] Amy Allen (1970) Académica y filósofa estadounidense. Desarrolla actividades académicas, científicas y sus investigaciones adoptan un enfoque crítico de los tópicos feministas del poder.

El poder sobre otros, es la capacidad de hacer que otros hagan aquello que de otro modo no harían, *lo tienen* los individuos, y su injusto reparto entre hombres y mujeres es un problema social y político.

La desigualdad en la distribución de los recursos es la forma clave de la injusticia de género. Dicha igualdad de oportunidades incluye un igual reparto del poder y una protección adicional o compensación para las personas que se encuentran, *a priori*, en una situación de desventaja en relación al mismo, o en relación a otros recursos que están estrechamente relacionados con éste, económicos o educativos. La cuestión problemática para el feminismo, es su injusto reparto entre hombres y mujeres.

Las teóricas feministas que utilizan este marco se adscriben, pues, al feminismo liberal de acuerdo a la teoría política liberal, en relación al poder, se caracteriza por considerarlo un bien social fundamental.

Desde el punto de vista feminista el despliegue de estos criterios deberían incluir la desnaturalización de la diferencia de género, y su consideración como un azar de nacimiento combinado con una construcción cultural destinada a excluir a las mujeres de la esfera de los iguales.

Mill representa, en síntesis, la existencia de una tradición crítica feminista que defiende los principios liberales ilustrados frente a su desarrollo teórico y político excluyente de las mujeres y por tanto contradictorio.

5.2.2.- El poder como dominación o poder sobre.

A partir de los años setenta se desarrolló una perspectiva diametralmente distinta, ya no era algo a distribuir de forma más justa entre hombres y mujeres, sino algo a ser erradicado y en esta forma se expresaba Kate Millett: "...*el conjunto de relaciones y compromisos estructurados de acuerdo con el poder, en virtud de los cuales un grupo de personas, las mujeres, queda bajo el control de otro grupo, los hombres".* (Millett - 2010)

En este grupo pueden incluirse múltiples y heterogéneos enfoques teóricos de feministas radicales, existencialistas, marxistas, socialistas, materialistas, etc.

Fueron las feministas teóricas radicales que desarrollaron de forma más completa la idea de dominación sistémica de las mujeres.

El origen de esta perspectiva teórica de las feministas radicales surgió a partir del llamado movimiento de nueva izquierda en los Estados Unidos, en el que también había militancia antirracista, pro derecho de los homosexuales, todas ellas, a partir de un vínculo común con el marxismo.

Además, las radicales generaron también un espacio político y teórico distinto del de las feministas liberales, que centraban su acción política en la incorporación de las mujeres en la esfera pública, educación, mercado laboral, política institucional, y en la eliminación de los obstáculos en la esfera privada para dicha incorporación.

5.2.3.- El poder como empoderamiento o poder para.

Las autoras feministas que se centran en el *poder para* buscan una noción de poder sin rasgos distributivos ni conflictuales.

5.2.3.1.- El poder para cuidado.

Las teorías del cuidado se han desarrollado principalmente en el campo de la ética o la filosofía moral.

David Held (1995) y otros autores, consideran al poder como una relación social, que permite la auto capacitación para participar en la sociedad o en la política. Al mismo tiempo, capacitar a otras personas, con las que establecemos una relación afectiva y de respeto, adquiriendo sentimientos de responsabilidad.

Estos autores pretenden integrar en el pensamiento político, un conjunto de experiencias vinculadas a la maternidad. Estas experiencias vinculadas a la maternidad, habían sido excluidas del debate del poder por estar asociadas a la esfera privada "no-política". Pero no quieren substituir un vocabulario político sobre el poder por uno basado en el cuidado o la intimidad, sino fundamentar el primero en ésta última. (Mansbridge - 2005)

El *poder para* como cuidado del otro, es central para captar las aportaciones feministas a una idea de poder que tenga un alcance más completo, que la que sus principales teóricos de la tradición hegemónica han mostrado. (Allen - 2005)

Gilligan, Carol (1982) utiliza el término "*ética de la responsabilidad*" y lo contrapone a la idea de la "*ética de los derechos*", mayoritariamente expresada por varones, y centrada en el conflicto entre unos principios éticos y otros, de forma más abstracta y desconectada. Propone integrar en la escala ambos desarrollos éticos, y reconocer que el desarrollo ético implica tanto conciencia de los derechos como conciencia de las responsabilidades.

El feminismo maternalista habla del *poder como cuidado* y pone en primer plano el vínculo entre ética y política.

5.2.3.2.- El poder para libertad.

La idea fundamental del poder para libertad, es que este poder se genera, como una forma de agencia física y lingüística, individual (*poder para*) y colectiva (*poder con*)

Todas estas prácticas se basan en la idea de las relaciones entre mujeres, a diferencia del poder como cuidado, no determinan contenidos concretos que deban ser adoptados en una esfera pública mixta.

En los años setenta se forman dos grupos, uno que proponía "*la desmitificación del autoritarismo patriarcal*" y en 1975 fundó, junto con otras, la "*Librería de Mujeres de Milán*", y el segundo grupo la "*Comunidad filosófica Diótima*", comunidad filosófica femenina que nació en torno a la Universidad de Verona en 1984. De estos dos grupos se destaca María Milagros Rivera Garretas (2003) que sostiene hay que esquivar la lógica de la emancipación, que pone a las mujeres en un terreno de juego masculino, en el cual lo que se afirma es la virilidad y en el que las mujeres están aisladas o practicando una solidaridad mal fundamentada. Bajo este punto de vista, la tarea teórica y política a realizar es la de no caer en el *fraude de la igualdad*, y poner en práctica una diferencia femenina libre del simbólico patriarcal, mediante un uso distinto del lenguaje, que es el primer mecanismo de poder y las prácticas sociales.

En este sentido, los grupos de mujeres serán el espacio social privilegiado para llevar a cabo este proyecto, puesto que permiten sexualizar las relaciones sociales, esto es, quitar la aparente neutralidad sexual de las relaciones sociales corrientes, mostrando que en éstas una mujer no puede desarrollar su placer ni sus capacidades. (Librería de Mujeres de Milán - 2006)

Como consecuencia de lo anterior se rechazará la idea del poder en su reconstrucción de lo político. El poder se considera como parte de este orden al cual se debe renunciar. Aún más, se afirma que la política no es ni ha sido nunca la lucha por el poder; el poder es en realidad el contrario de la política, y ésta es su superación. Así, las mujeres no han sido excluidas de la vida política, sino de la lucha del poder que no es más que el "*escenario de la agonía de la política, mutada en burocracia, tecnología, cháchara y falsa de un mundo de hombres alrededor del poder*". (Diotima - 1995)

Arendt, con su desarrollo de los conceptos de política y de poder, ha dotado a la teoría feminista de algunas referencias claves en esta temática.

Referido al poder Arendt (2005) decía que el: "*Poder corresponde a la capacidad humana, no simplemente para actuar, sino para actuar concertadamente. El poder nunca es propiedad de un individuo; pertenece a un grupo y sigue existiendo mientras que el grupo se mantenga unido".*

Las pensadoras de la Librería de Mujeres de Milán y la Comunidad filosófica Diótima actualizan la idea descrita por Arendt en la sociedad romana, para las relaciones actuales entre mujeres y de autoridad femenina. Así, se propone la idea de autoridad como contraria a la idea de poder.

La autoridad es una cualidad simbólica relacional, no una posesión, donde no median las instituciones patriarcales, ni la representación y que por tanto no es fija y estable, sino móvil y cambiante.

Se llega al empoderamiento entendido como un fenómeno socio-político, que ocurre cuando los individuos y los grupos organizados son capaces de imaginar su mundo de un modo diferente, como de hacer realidad esa visión mediante un cambio en las relaciones de poder que les han mantenido en la pobreza. (Kabeer - 1997)

Batliwala, Srilatha (1997) considera que: *"El término empoderamiento se refiere a una gama de actividades que van desde la autoafirmación individual hasta la resistencia colectiva, la protesta y la movilización para desafiar las relaciones de poder...El empoderamiento, por tanto, es un proceso orientado a cambiar la naturaleza y la dirección de las fuerzas sistémicas, que marginan a la mujer y a otros sectores en desventaja en un contexto dado".*

Capítulo 6.

6.1.- Temas que demanda el feminismo.

6.1.1.- La igualdad.

La igualdad como valor ocupa una posición muy importante en el lenguaje contemporáneo. Nadie expresa conceptos en contra de la igualdad, aun cuando, en los hechos, no se esté de acuerdo a que debamos ser iguales.

Calsamiglia (1989) menciona que en la actualidad, la igualdad es una etiqueta legitimadora y se ha transformado en moneda de cambio habitual en los discursos, desde el que se dice amante de la libertad al más radical defensor de la igualdad.

Las democracias occidentales modernas reposan sobre dos intuiciones básicas: la igualdad y la libertad.

La relación entre igualdad y libertad en tensa y obliga a tratar que no se repelan. Ni la libertad entendida como la mera igualdad formal de oportunidades, ni la igualdad en la miseria a costa de la libertad, parecen ideales dignos de ser perseguidos.

En las declaraciones de derechos o constituciones representa en los escritos la idea que: *todos los hombres y todas las mujeres nacen libres e iguales en dignidad y derechos*. Por lo que es una idea prescriptiva, una idea ordenada.

Pero desde un punto de vista descriptivo, solemos pensar distinto, es decir, que las personas habitualmente tienen diferencias importantes respecto de sus capacidades.

Significa en la idea de igualdad prescriptiva es un "*deber ser*", una forma como las personas debieran ser tratadas y no como son tratadas en los hechos.

Una formulación de la igualdad debería ser: *Todos los seres humanos, hombres y mujeres, deben ser tratados igualmente.*

Este enunciado significa:

1. La igualdad se predica de todos los seres humanos;
2. Es una idea relacional articulada por la forma en que entendamos el criterio igualitario relevante aplicable al caso específico
3. El alcance de dicha relación es un determinado tratamiento, que es debido. **(Laporta - 1985)**

La igualdad no es una afirmación sobre la identidad ni sobre ciertas cualidades humanas, sino una proposición normativa de la forma en que *deben ser* tratadas dichas cualidades.

"La igualdad es un concepto normativo y no descriptivo"

Las posturas que pretenden reducir el problema de la igualdad a una cuestión de identidad, son erróneas; los seres humanos no somos idénticos.

La igualdad como identidad es puramente descriptiva, sin relación con lo prescriptivo. Entonces, la igualdad al ser normativa descarta por definición cualquier ideario sexista.

Además, la igualdad al no ser una afirmación de hecho, opera como un principio ético básico, estableciendo soluciones normativas para casos, sobre la base de propiedades y relaciones genéricas.

Si así no fuera, los principios no cumplirían su función y como la igualdad opera bajo la fórmula simple, que *debemos tratar a los seres humanos igualmente* nos sirve para resolver cualquier caso concreto. Este carácter formal de la igualdad, la fuerza a adoptar la forma conceptual de un principio. Por ello:

La igualdad es un principio.

También, ante un problema en que está en juego el principio de igualdad, debemos responder dos preguntas:

- ¿Igualdad entre quiénes?, y
- ¿Igualdad en qué?

La primera alude a los sujetos que serán comparados en el juicio relacional de la igualdad y la segunda se refiere al criterio que permitirá realizar la comparación. (Bobbio - 1993)

La igualdad, no es una cualidad de las personas, como puede predicarse de la libertad, sino que es una relación comparativa formal entre dos o más sujetos, que puede tener diversos contenidos

El principio de igualdad también es histórico. Dado que igualdad cambia a través de la historia, lo que fue una reivindicación igualitarista en un momento histórico, puede dejar de serla en el futuro o pueden surgir nuevas exigencias igualitarias.

La igualdad es un principio relacional e histórico

Como conclusión:

> La igualdad opera como un *principio normativo, relacional e histórico* que se enuncia en su forma más general y abstracta del siguiente modo: *todos los seres humanos deben ser tratados como iguales.* (Villavicencio Miranda - 2018)

Los seres humanos no son iguales.

Sin embargo lo que buscan es ser tratados como iguales.

La igualdad fue concebida desde el pensamiento político clásico como un hecho y no como un valor.

Desde la perspectiva de los derechos humanos, la igualdad no se refiere a la semejanza de capacidades y méritos o a cualidades físicas de los seres humanos, sino que es un derecho humano autónomo. Este derecho, tal como ha quedado plasmado en la casi totalidad de instrumentos legales de derechos humanos, no es descriptivo de la realidad, es decir, no se presenta en términos de "*ser*", sino de "*deber ser*". Es más, la gran innovación introducida por la doctrina de los derechos humanos, es haber hecho del principio de igualdad una norma jurídica. Esto quiere decir que la igualdad no es un hecho, sino un valor establecido precisamente ante el reconocimiento de la diversidad humana.

6.1.2.- Educación en la actualidad.

Heath y Jayachandran (2016) mencionan que hace décadas había más hombres que mujeres matriculados y graduados en la educación superior. En las últimas décadas en los países industrializados los niveles educativos de mujeres y hombres convergen, con posterioridad lo mismo sucedió en los países en desarrollo.

Plötz (2017) dice que este ascenso permitió a las mujeres superar a los hombres en el nivel de educación superior y generó una creciente brecha de género entre mujeres y hombres en el nivel de la educación superior.

La matrícula de la educación superior de mujeres alcanza el 74 % de los países según los datos disponibles, salvo en Asia Central y Meridional, donde hay paridad, y en el África Subsahariana, donde en 2018 se matricularon 73 mujeres por cada 100 hombres. (UNESCO - 2020a)

En general, el número de estudiantes universitarias en todo el mundo ha superado al de los hombres desde 2002. Los datos del Instituto de Estadística de la UNESCO (IEU) señalan que, entre 2000 y 2018, la tasa bruta de matriculación en la enseñanza superior en el caso de los hombres aumentó del 19% al 36%, mientras que en el caso de las mujeres se incrementó del 19 % al 41 %.

Williams y Wolniak (2021) sostienen que desde finales de la década de 1970, la ventaja masculina se ha evaporado y se ha convertido en desventaja. El éxito general de las mujeres en la adquisición de capital humano, podría ser uno de los principales cambios sociales de la historia reciente.

La distribución por sexos en los distintos campos de estudio es desigual. En las llamadas áreas de estudio, ciencia, tecnología, ingeniería y matemáticas, se observa una marcada disminución de la participación femenina en todos los países. En todo el mundo, solo el 30% de los investigadores en las universidades son mujeres. (UNESCO - 2019)

Para tener conocimiento de la real situación de la mujer en el sistema educativo de la República Argentina, se toma como ejemplo el sistema Universitario, dado que los demás sistemas son obligatorios.

La información suministrada por el Ministerio de Educación de la República Argentina, Secretaría de Políticas Universitarias, Departamento de información Universitaria[52], 2019-2020.

Para dar visibilidad sobre la participación de las mujeres en el sistema universitario de Argentina, tanto en las ofertas de pregrado, grado y posgrado como en los recursos humanos que se desempeñan en las instituciones universitarias del país, se toma el año académico de 2019, dado los inconvenientes surgidos en el 2020 por la pandemia y posteriores a la misma.

---

[52] Consultado el 30-08-2022, de https://bancos.salud.gob.ar/sites/default/files/2021-05/Mujeres-en-el-Sistema-Universitario-Argentino-19-20.pdf

Las estadísticas dan cuenta de la mayor participación de mujeres en el total de estudiantes, en el total de graduados y también en el total de los nuevos inscriptos que iniciaron carreras durante ese año. En todas ellas, las mujeres representan cifras cercanas al 60% del total de cada categoría. Este escenario se verifica tanto en los niveles de pregrado y grado como en las carreras de posgrado.

Tasa de participación de las mujeres en carreras de pregrado y grado. Año 2019.

Estudiantes Mujeres	**58,6%**
Nuevas inscriptas Mujeres	**58,6%**
Egresadas Mujeres	**61,1%**

Fuente: Departamento de Información Universitaria – DNPeIU - SPU

En el análisis por rama de estudio se destaca la presencia de mujeres en las ciencias de la salud y las ciencias humanas: las egresadas de las carreras de pregrado y grado representan el 75,2% y el 76,4%, respectivamente. Mientras que en el de las ciencias aplicadas su presencia es aún escasa.

En los recursos humanos de las universidades nacionales, existe paridad de género entre los cargos docentes y no docentes.

En los cargos y sexo de autoridades superiores, donde las mujeres representan el 42,8% y:

Mujeres Vice decanas	**47%;**
Mujeres Decanas	**35%;**
Mujeres Secretarias de Universidad	**33%;**
Mujeres Vicerrectoras	**31%;**
Mujeres Rectoras/Presidentas	**11%.**

Todo lo cual, está indicando una importante participación de la mujer en la vida de las altas casas de estudio.

Como punto final se considera que hay una muy importante participación de la mujer en la educación, y en ocupar cargos docentes y directivos. Punto que el feminismo reclamaba y se debe coincidir con Williams y Wolniak (2021) en sus dichos: desde finales de la década de 1970, la ventaja masculina se ha evaporado y se ha convertido en desventaja.

6.1.3.- Trabajo en la actualidad.

La participación de la mujer en el mercado laboral varía de un país a otro, pues refleja diferencias en el desarrollo económico, las normas sociales, los niveles de educación y el acceso a servicios de cuidado infantil.

Pages y Piras (2010) resaltan que la participación de la mujer en la fuerza laboral tiene efectos a nivel macroeconómico, al incrementar el potencial humano disponible y contribuir al crecimiento económico del país, y a nivel microeconómico, al generar ingresos directos para su propio bienestar y el de su familia.

De acuerdo con la OIT (2012), la brecha entre hombres y mujeres en la participación en la fuerza laboral ha disminuido a nivel mundial, impulsada principalmente por el incremento del empleo femenino y la disminución de la tasa de participación masculina.

La tasa de participación femenina en la fuerza laboral es un eje impulsor del crecimiento, de manera que el análisis de este indicador puede dar indicios sobre el potencial de crecimiento de un país

La CEPAL y la OIT (2019) realizaron un trabajo en el que dejan constancia que desde principios de los noventa hasta la actualidad, en la mayoría de los países de América Latina ha habido un aumento significativo en la incorporación de las mujeres al mercado laboral.

En efecto, la tasa de participación de las mujeres de 15 años o más en 18 países de la región, aumentó y pasó del 41% a principios de los noventa a cerca del 52% en promedio en 2018

Esta mayor tasa de participación laboral de las mujeres, junto con la leve tendencia decreciente de este indicador en el caso de los hombres, sobre todo a partir de comienzos de la década de 2000, dio como resultado una disminución de la brecha de la participación laboral por sexo.

Este incremento de la tasa de participación laboral femenina es el resultado de un mayor aumento de la oferta laboral de las mujeres, en todos los países de la región

Los países en que se han observado cambios más drásticos son Bolivia, Nicaragua y el Perú, donde ha habido aumentos superiores a los 20 puntos porcentuales.

En países como la Argentina, Chile, Costa Rica, Honduras, Panamá, la República Dominicana, el Uruguay y Venezuela este indicador aumentó más de diez puntos porcentuales. Los únicos países en que la tasa de participación tuvo un incremento más moderado fueron el Brasil, el Ecuador, México y el Paraguay. Si bien en algunos casos se encuentran tendencias de aumento constante a lo largo de los años, en algunos países el ritmo de crecimiento de la oferta laboral femenina ha sido muy elevado, superior a 11 puntos porcentuales en Chile, Costa Rica y el Perú.

El nivel educativo promedio de las mujeres ha aumentado significativamente en América Latina, que representa uno de los principales factores determinantes de este aumento de la inserción laboral. Pero, hay que considerar otros, también importantes, como las decisiones de vida pueden ser distintas y estar afectadas por preferencias, valores y costumbres personales y sociales, decisiones familiares, contexto económico, social, político, etc.

6.1.3.1.- Mujeres en cargos directivos gubernamentales.

El cálculo de ONU Mujeres (2021), según información proporcionada por las Misiones Permanentes ante las Naciones Unidas, fecha de corte del estudio 1° de octubre de

2020, teniendo en cuenta las Jefas de Estado electas, evidencia que:

- En 10 países están presididos por una Jefa de Estado, y 13 países tienen Jefas de Gobierno.
- El 21% de quienes ocuparon ministerios fueron mujeres;
- En 14 países las mujeres han alcanzado en los gabinetes de Gobierno, una representación del 50% o más.
- Las carteras más comúnmente ocupadas por mujeres son las siguientes: Familia. Niñez. Juventud. Adultos Mayores. Discapacidad. Seguidas por Asuntos Sociales. Medio Ambiente. Recursos Naturales. Energía. Empleo. Trabajo. Formación Vocacional. Asuntos de la Mujer. Igualdad de Género

6.1.3.2.- Mujeres en parlamentos nacionales.

Al 1° de Octubre del 2020, el 25% de los escaños parlamentarios nacionales están ocupados por mujeres, porcentaje que aumentó del 11% en 1995

- Cinco países cuentan con el 50% de representación de mujeres en las cámaras bajas o únicas de los parlamentos.

Rwanda	61%;
Cuba	53%;
Bolivia	53%; y
Emiratos Árabes Unidos	50%.

- 19 países han alcanzado o superado el 40%. 9 países europeos, 5 en la región de América Latina y el Caribe, 4 africanos y 1 en el área del Pacífico.
- En todo el mundo, existen 27 Estados en los que las mujeres ocupan menos del 10% de los escaños parlamentarios disponibles en las cámaras bajas o únicas, entre ellos, cuatro países sin ninguna mujer en sus cámaras bajas/únicas.

- En América Latina y el Caribe, Europa y América del Norte, las mujeres ocupan más del 30% de los escaños parlamentarios.
- En África del Norte, Asia Occidental y Oceanía, las mujeres representan menos del 17% de los escaños parlamentarios.
- Los Estados insulares del Pacífico registran la representación más baja de las mujeres: ellas ocupan sólo el 6% de los cargos, y tres países no tienen mujeres en sus parlamentos.

6.1.3.3.- Mujeres en los gobiernos locales.

- Los datos sobre 133 países muestran que las mujeres constituyen 2,18 millones el 36% de los miembros de los cuerpos deliberativos locales.
- Sólo dos países han alcanzado el 50% y en otros 18 países, más del 40% de los funcionarios locales son mujeres.
- Desde enero de 2020, se registran variaciones regionales en la representación de las mujeres en los cuerpos deliberativos locales:

Asia Central y Meridional	41%;
Europa y América del Norte	35%;
Oceanía	32%;
África Subsahariana	29%;
Asia Oriental y Sudeste Asiático	25%;
América Latina y el Caribe	25%;
Asia Occidental y África del Norte	18%.

6.1.3.4.- Trabajo de la mujer en la República Argentina.

El Centro de estudios para la producción XXI, Ministerio de Desarrollo Productivo, publica un trabajo en el que consigna que en Argentina el empleo asalariado registrado en empresas privadas, exhibe una evolución interesante en materia de composición por género. Entre 2007 y 2021, la proporción de mujeres sobre el total de personas asalariadas en empresas, aumentó de 30% a 33%. Este incremento de tres puntos porcentuales, corresponde a la incorporación de casi 400.000 mujeres a la nómina formal, lo que lleva a un total de asalariadas registradas de más de dos millones.

Distingue que la tasa de feminización asciende a:

- En empresas del rubro enseñanza   72,8%
- En servicios de salud   70,7%
- En servicios jurídicos y contables   67,8%
- En investigación y desarrollo científico   59,2%

Valores más bajos en:

- Extracción de carbón   3,4%;
- Recolección de residuos   5%; y
- Silvicultura   5,6%.

En líneas generales, es posible afirmar que las mujeres tienen mayor inserción laboral en firmas de sectores de servicios, particularmente en los vinculados a tareas de enseñanza, cuidado y salud, mientras que su participación es baja en la mayoría de los bienes transables, sector primario e industrial, y, dentro de las no transables, en el sector de suministro de electricidad, gas y agua; la construcción; el transporte y la logística.

La Subsecretaría de Planificación, Estudios y Estadística, del Ministerio de Trabajo, Empleo y Seguridad Social de la República Argentina publicó el Boletín de Estadísticas Laborales según Sexo, marzo 2022[53].

En el mismo, establece en:

Sección I – Mercado de Trabajo.

---

[53] Consultado el 02-09-2022, de:
https://www.trabajo.gob.ar/estadisticas/oede/empleoyremuneracion.asp

1.1. Tasa de actividad, empleo, desocupación, subocupación, empleo no registrado según sexo, por trimestre, desde el 2003 al 2021.

En tasa de empleo[54] consigna, se toma el año 2004 de inicio, dado que el 2003 le falta un trimestre:

Año 2004

1° trimestre Mujeres	32,1	Hombres 46,1
2° trimestre Mujeres	31,7	Hombres 48,2
3° trimestre Mujeres	31,6	Hombres 48,2
Promedio	31,8	47,5

Año 2021

1° trimestre Mujeres	34,2	Hombres 49,4
2° trimestre Mujeres	34,5	Hombres 48,9
3° trimestre Mujeres	36,6	Hombres 49,5
Promedio	35,1	49,3
Incremento	3,3	1,8

El Ministerio de las Mujeres, Géneros y Diversidad, fue creado el 10 de diciembre de 2019, a través del Decreto 7/2019 que modificó la Ley de Ministerios, transfiriéndose las competencias del Instituto Nacional de las Mujeres, ente descentralizado creado a su vez en 2017, bajo la jurisdicción del Ministerio de Desarrollo Social.

---

[54] Tasa de Empleo: se calcula como porcentaje entre la población ocupada y la población total (puede recalcularse según distintos límites de edad, etc.)

El Ministerio y los cargos de Subsecretarias y Direcciones Nacionales están a cargos en un 80.3% de mujeres. [55]

El Boletín Oficial de la República Argentina, contiene la Resolución 114/2020, Ciudad de Buenos Aires, 29/07/2020. Tomado en forma parcial, en estos considerandos dice:

"Que a los fines de resguardar la integridad física y emocional de mujeres y personas LGTBIQ+ [56] que atraviesan una situación de violencia por razones de género, ante la ausencia o debilidad de las redes primarias de contención, ante la imposibilidad de efectivizar las medidas individuales de protección y como consecuencia de la dependencia económica y habitacional de sus agresores, se propone el ingreso a los Dispositivos Territoriales de Protección Integral como espacios de protección de seguridad para la emergencia y por tiempo determinado".

En una publicación realizada por la agencia oficial Télam el 27-07-2020 refiere que el Ministerio de Mujeres, Géneros y Diversidad es el organismo que más altos cargos ocupados por mujeres aporta, seguido por las carteras de Seguridad, de Justicia y Derechos Humanos, de Ambiente y Desarrollo Sustentable y de Educación. (TELAM Digital - 2020)

Agrega que el 37% de los puestos más altos de la administración pública nacional, que incluyen ministerios, secretarías y subsecretarías, están ocupados por mujeres.

Le sigue al Ministerio de Género, el de Seguridad con 58 por ciento de mujeres ocupando cargos jerárquicos, según el relevamiento. Luego se destacan los ministerios de Justicia y

---

[55] Consultado el 05-092022, de https://mapadelestado.jefatura. gob.ar/ estructura_oescalar.php?n1=025

[56] LGTBIQ+ es una sigla universal que representa la diversidad de expresiones de género y orientaciones sexuales que se fue modificando con el tiempo. Son las iniciales de Lesbianas, Gay, Trans, Bisexual, Intersexual, Queer y otras identidades. Suele finalizar con el símbolo + para incluir a otros colectivos que no son nombrados no representados con las siglas anteriores. Refieren a minorías dentro del colectivo LGTBIQ+ como las personas no binarias, asexuales, demisexuales o pansexuales.

Derechos Humanos; Ambiente y Desarrollo Sustentable; y Educación; tres carteras que alcanzan una representación paritaria exacta del 50%.

6.1.4.- Los cupos o cuotas.

La Ley N° 24.012/91, de *"cuotas o cupo femenino"*, fue sancionada con la expresa finalidad de garantizar la igualdad de derechos entre personas de ambos sexos dentro del ámbito gubernamental, ampliando el espacio correspondiente a la decisión política y promoviendo la participación efectiva de la mujer en las listas de candidatos a cargos electivos... En sus considerandos se señala que el objetivo de la misma consiste en: *"lograr la integración efectiva de la mujer en la actividad política evitando su postergación al no incluirse candidatos femeninos entre los candidatos con expectativas de resultar electos"*.

Así se modifica el artículo 60 del Decreto 2135/83, y con las leyes 23.247 y 23.476, se establece que *"Las listas que se presenten deberán tener mujeres en un mínimo del 30% de los candidatos a los cargos a elegir y en proporciones con posibilidad de resultar electas. No será oficializada ninguna lista que no cumpla estos requisitos"*.

Con posterioridad en 2017, la Ley 27.412 de Paridad de Género en Ámbitos de Representación Política es una legislación argentina que establece que las listas de candidatos al Congreso de la Nación (diputados y senadores) y al Parlamento del Mercosur deben ser realizadas *"ubicando de manera intercalada a mujeres y varones desde el/la primer/a candidato/a titular hasta el/la último/a candidato/a suplente"*.

El objetivo de la ley es garantizar que exista paridad de género en los órganos legislativos, buscando que la cantidad de personas de los géneros femenino y masculino en dichos cuerpos sea aproximadamente la misma. La ley se apoya en el principio de participación equivalente por género, con fundamento en el marco básico de los derechos humanos, siendo parte de las reivindicaciones del movimiento feminista.

Esta conquista no exime a las mujeres del requisito de idoneidad, establecido por el artículo 16 de la Ley fundamental:

"La Nación Argentina no admite prerrogativas de sangre, ni de nacimiento: no hay en ella fueros personales ni títulos de nobleza. Todos sus habitantes son iguales ante la ley, y admisibles en los empleos sin otra condición que la idoneidad. La igualdad es la base del impuesto y de las cargas públicas".

Se debe considerar que las instituciones públicas no resultan equiparables a las empresas privadas en este sentido. De la misma manera en que un ciudadano cualquiera no interviene en lo que ocurre en una empresa privada, cada una de ellas tiene derecho a funcionar con la representatividad de género que considere adecuada para sus fines. Pero las instituciones públicas son del conjunto de la ciudadanía, y la categoría de género es lo suficientemente general como para que sea considerada en términos de representatividad, siendo el Estado Nacional el contralor de la resoluciones judiciales.

No obstante la Inspección General de Justicia con fecha 03-08-2020 Resolución General 34/2020. La norma impone a las personas jurídicas alcanzadas, asociaciones civiles, fundaciones y sociedades anónimas del 299 de la Ley General de Sociedades (con excepciones) a cubrir sus cargos con paridad de género. En su artículo 1° dice:

"Artículo 1°: A partir de la entrada en vigencia de esta resolución las asociaciones civiles en proceso de constitución, las simples asociaciones que soliciten su inscripción en el registro voluntario, las sociedades anónimas que se constituyan, en cuanto estuvieren o quedaren comprendidas en el artículo 299, de la ley N° 19.550, excepto las abarcadas en los incisos 1°, 2°, y 7°, las fundaciones con un consejo de administración de integración temporaria y electiva y las Sociedades del Estado (Ley N° 20.705) deberán incluir en su órgano de administración, y en su caso en el órgano de

fiscalización, una composición que respete la diversidad de género, estableciendo una composición de los órganos referidos que esté integrado por la misma cantidad de miembros femeninos que de miembros masculinos. Cuando la cantidad de miembros a cubrir fuera de número impar, el órgano deberá integrarse en forma mixta, con un mínimo de un tercio de miembros femeninos".

Según el Observatorio de la Igualdad de Género para América Latina y el Caribe existe similar tendencia en otros países. [57]

Con posterioridad, la Inspección General de Justicia en la resolución general 35/2020, establece modificaciones a la Resolución 34 y dice en:

"Artículo 2º: Las asociaciones civiles, las simples asociaciones, las sociedades anónimas que estuvieren o quedaren comprendidas en el artículo 299, de la Ley N° 19.550, excepto las abarcadas por los incisos 1°, 2° y 7°, las fundaciones con un consejo de administración de integración temporaria y electiva y las Sociedades del Estado (Ley N° 20.705), que a la fecha de entrada en vigencia de esta resolución ya estuviesen inscriptas ante esta INSPECCIÓN GENERAL DE JUSTICIA DE LA NACIÓN, deberán aplicar para las designaciones de los miembros de los órganos de administración, y en caso de corresponder de fiscalización, electos en cada oportunidad de su designación con posterioridad a la entrada en vigor de la misma, lo normado en el ARTÍCULO 1º."

El tema es llevado a la justicia y esta tramitación resuelve:

Poder Judicial de la Nación.

Cámara Comercial - SALA C.

---

[57] Bolivia. Brasil. Chile. Colombia. Costa Rica. Ecuador. El Salvador. España. Guyana. Haití. Honduras. México. Nicaragua. Panamá. Paraguay. Perú. República Dominicana. Uruguay. Venezuela. https://oig.cepal.org/es/leyes/leyes-de-cuotas?page=1

Inspección General de Justicia c/Línea Expreso Liniers S.A.I.C. s/Organismos Externos
Expediente N° 1651/2021/CA01

Buenos Aires, 09 de agosto de 2021.

"Y vistos:

1. Vienen apeladas las Resoluciones Generales N° 34/2020 y N° 35/2020 de la IGJ que, en lo que aquí interesa, dispusieron que ciertas sociedades anónimas -entre las que se encuentran las actoras- debían respetar la diversidad de género en la composición de sus órganos de administración y fiscalización, procediendo a integrarlos con la misma cantidad de mujeres que de hombres…".

"9….La llamada "perspectiva de género" no impone siempre decidir a favor de la mujer, sino impedir que ella sea postergada por el hecho de serlo; y, si bien parece indudable que las "acciones positivas" ya vistas son temperamentos que se encaminan a ese objetivo sobre la base de "preferir" al grupo a cuya tutela se ordenan, esa preferencia no puede realizarse a expensas de derechos de otros sujetos que también cuenten con amparo constitucional.

Lo dicho se ve claro en materia de salud, ámbito en el cual a nadie se le ocurriría exigir a quien se encuentra enfermo que, en vez de preocuparse de encontrar los servicios médicos adecuados para su problema, atienda a los derechos que al profesional respectivo pudieran corresponder según su orientación sexual. Si esto parece claro, podría no ser menos que tampoco puede seguirse ese criterio para imponer una abogada a un cliente, ni una pintora a quien contrata una pintura artística, ni, en fin, una administradora, al dueño del bien a ser administrado: en esos casos -como ocurre en tantísimos otros fundados en relaciones intuitu personae- lo dirimente no puede ser el sexo o la orientación sexual del prestador, sino el derecho del enfermo, del cliente o del administrado o de quien haga sus veces, a contratar a la persona de su confianza, que hace a la "causa fin" de lo que contrata.

10. Por lo expuesto, se resuelve: hacer lugar al recurso y, en consecuencia, dejar sin efecto las resoluciones apeladas. Costas por su orden, dada la naturaleza de la cuestión.

Notifíquese por secretaría..."

Dejando de lado el concepto normativo y considerando el descriptico de la igualdad, el hombre y la mujer deben ser tratados como iguales, pero eso no se consigue por medio de intervenciones arbitrarias, ni vulnerando derechos de otros o específicamente de los hombres.

En el caso de los cupos se debería evaluar bien la aptitud y la actitud, ya la Constitución de la Nación Argentina menciona la palabra "idoneidad". Pero cuando se establecen los cupos, no se establecen y documentan los mecanismos que evalúen tal idoneidad para cubrir cargos. En tal caso, de la evaluación sea hombre o mujer debería ocupar el cargo el más apto o idóneo.

En cuanto a Justicia el fallo de la Cámara Comercial - SALA C, entendió que la resolución recurrida excede la competencia reglamentaria Inspección General de Justicia. Además, pone un claro límite al Poder Ejecutivo y significa una defensa a la división de poderes que consagra el sistema republicano, sin que ello implique ir en contra de la igualdad descriptiva de ambos sexos.

6.1.5.- Edad jubilatoria.

En los países de América Latina y el Caribe existen diferentes edades jubilatorias, pero siempre la mujer la obtiene a edad más temprana.

PAÍSES CON DISTINTA EDAD DE JUBILACIÓN EN ALC

	MUJERES	HOMBRES
ARGENTINA	60 años	65 años
BRASIL	60 años	65 años
CHILE	60 años	65 años
COLOMBIA	57 años	62 años
COSTA RICA	60 años	62 años
CUBA	55 años	60 años
EL SALVADOR	55 años	60 años
HONDURAS	60 años	65 años
JAMAICA	60 años	65 años
PANAMÁ	57 años	62 años
VENEZUELA	55 años	60 años

Fuente: Banco Mundial / BID

El principal argumento para defender una edad de jubilación más temprana para las mujeres, es compensarlas o subsidiarlas por la tradicional carga de labores domésticas y crianza de niños, que hacen que participen menos que los hombres en el mercado laboral.

Estudios estadísticos realizados en las últimas décadas evidencia un cambio respecto a la carga de labores domésticas y crianza de niños, que pone en evidencia que tal edad más temprana de jubilación en mujeres, debe acondicionarse de una manera más igualitaria, tal como propone el feminismo en sus deseos de igualdad.

En este sentido, el trabajo de investigación realizado por Conde Morelos Zaragoza y Col. (2002) en la República Oriental del Uruguay, han comprobado que es un *"país que posee el porcentaje más alto en América Latina de hogares biparentales en que ambos cónyuges trabajan. Algunos factores decisivos para que esto ocurra, es que las mujeres intervienen desde el siglo XX en el sector productivo nacional, aunado a que han incrementado la matrícula estudiantil en el nivel medio y universitario, incluso por encima de los hombres"*. Agregan que: *"…las necesidades de articulación entre vida laboral y familiar crecerá…, pues se connota una mayor pérdida de familias tradicionales, y cierta flexibilización de los modelos de autoridad familiar debido a la independencia económica de las mujeres, principalmente, en aquellas de más alta escolaridad, ya que el control de recursos económicos promueve una mayor participación de ellas en la toma de decisiones familiares y una distribución más igualitaria de las labores domésticas".*

6.1.6.- Ideología de género.

El diccionario de la lengua española, edición del tricentenario define ideología como: *Conjunto de ideas fundamentales que caracteriza el pensamiento de una persona, colectividad o época, de un movimiento cultural, religioso o político, etc.*

La ideología tiende a conservar o a transformar el sistema social, económico, político o cultural, existente. Su interés puede ser económicos, de poder, etc.

Toda ideología se compone de dos elementos:

- Un *conjunto de ideas, creencias o principios* a través de los cuales se analiza la realidad para poder intervenir sobre ella y transformarla en beneficio de las propias ideas; y,
- Un *programa de acción* donde se asientan los pasos para acercarse a lo que se considera el ideal que se persigue.

Galascio (2013) refiere que la ideología racionaliza el patrón de comportamiento de los individuos y grupos. Para su formación se estudia su comprensión y percepción sobre el mundo, sus rasgos efectivos. Luego se crean programas para controlar y modificar el comportamiento individual y social. La ideología puede ser muy peligrosa, sobre todo en situaciones de incertidumbre, que genera miedo, momentos en que el raciocinio individual y colectivo esta alterado. La ideología se convierte en un factor sumamente importante de control, por apelar a emociones y sentimientos, como mecanismo de persuasión social y política.

El diccionario de la lengua española, edición del tricentenario define género como:

1° Acepción: Conjunto de seres que tienen uno o varios caracteres comunes.

2° Acepción: Clase o tipo a que pertenecen personas o cosas.

3° Acepción: Grupo al que pertenecen los seres humanos de cada sexo, entendido este desde un punto de vista sociocultural en lugar de exclusivamente biológico.

Históricamente se llega al concepto de género en varios pasos. Así, respecto a esta actual 3° acepción del Diccionario, se debe recordar que en el año 1949 surge la obra de Simone de Beauvoir, que afirma que ser mujer o lo femenino, nada tiene que ver con la biología, sino con una construcción cultural y social sobre el sexo, que afecta por igual a lo femenino y a lo masculino, de ahí su apotegma que consigna en *"El segundo sexo"*:

"No se nace mujer: se llega a serlo"

Con tal afirmación anuncia, sin mencionarlo, el concepto de género.

El primero en utilizar e introducir el término *"género"* fue John William Money psicólogo neozelandés especializado en sexología. Emigrado a los Estados Unidos después de la Segunda Guerra Mundial, y en la Universidad de Baltimore en el año 1965 manifiesta que *"el ser humano nace neutro"*, considerando que el género es una construcción que se hace y que no depende de las condiciones biológicas con las cuales cada uno nace. Se opone entonces al determinismo biológico de sexo.

Pero la ideología de género extrema se gesta en la década de 1920 en la Escuela de Frankfurt, con Horkheimer, Adorno, Pollok, Marcuse, Habermas, y otros, que, después de la primera guerra mundial se preguntan: *¿Qué hacer con la cultura occidental?*

Luego son los filósofos Jacques Derrida y Paul-Michael Faucoult quienes aseguran que *"no existen los objetos y no existen los sujetos. Sino que yo los voy creando, la realidad yo la voy construyendo*" Si esto lo pasamos al plano sexual cada uno construye su realidad psíquica y de orientación sexual.

Derrida no crearía una corriente filosófica, sino una estrategia para descomponer el pensamiento y filosofía tradicional occidental racional de Platón, Aristóteles, Descartes, Kant, etc., que considera un "*abuso de la racionalidad*" y propone lo contrario, la imposibilidad de que los textos literarios y las palabras tengan el menor sentido.

Laje[58] (2017) define: "*La Ideología de género es un conjunto de ideas anticientíficas que con propósitos políticos autoritarios, desarraigan a la sexualidad humana de su naturaleza y la explican monopólicamente por la cultura. Se acompaña de estatismo y se impone. Ser partícipes de una fantasía de autopercepción*".

En esta línea, con la expresión género se quiso significar que el ser humano supera la biología, en el sentido que, en la conformación y desarrollo de la identidad sexual, toma suma importancia la educación, la cultura y la libertad. Estos factores influyen, en el rol sexual que asume una persona por así auto percibirse, con patrones de comportamiento de personalidad.

Considerados de este modo, el sexo y el género serían dos dimensiones que confluyen en una misma realidad, la identidad sexual del ser humano:

- Un aspecto es natural o biológico, el sexo, y remite al dato empírico, "dado" o "recibido", de la dualidad biológica varón/mujer.
- El otro es cultural, el género, y conduce a la representación psicológica-simbólica, a la construcción histórica y antropológico-cultural.

Se llega así, a la síntesis más característica de la denominada "*ideología de género*", la disociación entre sexo, biología, y género, cultura.

---

[58] Consultado en: https://www.youtube.com/watch?v=s K8BvgeLn0 E

Según ideología de género no hay naturaleza sexuada, hombre-mujer; los humanos han estado equivocados por siglos y hay que cambiar los datos evidentes de la morfología, de la genética, de la psicología, etc. y cada uno será quien decida ser hombre o mujer u otro.

Se ha diluido la diferencia entre sexos como algo atribuido de forma convencional cultural por la sociedad y cada uno puede *"inventarse a sí mismo"*. Ahora, ya no hay hombres o mujeres sino, "cuerpos hablantes..." A partir de ahora ya no hay "sexo", solo hay "género". (Preciado - 2000)

Preciado (2000) en el *"Manifiesto contra sexual"*, respecto a que es la ideología de género, dice: *"Los hombres y las mujeres son construcciones del sistema heterosexual de producción y reproducción que autoriza el sometimiento de las mujeres como fuerza de trabajo y como medio de reproducción"*.

En consecuencia si todo es cultural y nada es natural en la especie humana no existe el concepto hombre-mujer; según la ideología de género estos conceptos debieron de proceder de *"un pacto social"*, fenómeno estrictamente cultural que se produjo en algún momento de la historia, a través del cual los hombres convencieron a las mujeres para que tuvieran hijos. Hay que sustituir el contrato social que llamamos naturaleza por *"el contrato transexual"*.

La ideología de género desprecia lo que caracteriza a la mujer real: la feminidad, la maternidad y al varón por la posibilidad de la procreación.

La ideología de género en su objetivo político de lograr el cambio social profundo, actúa convirtiendo lentamente la mentalidad y el pensamiento de las personas; sus valores sin que ellas se den cuenta. Para lo cual necesita promulgación de leyes que empodere a la ideología de género, sus valores y oprima a la sociedad tradicional como la familia, las iglesias cristianas y sus valores.

6.1.6.1.- ¿Qué pretende la ideología de género?

Latorre Ariño (2019) refiere que los problemas del planeta Tierra, como el calentamiento global, la desforestación, etc., motivado, entre otras cosas, por la gran cantidad de habitantes, ha llevado a pensar en llegar a niveles de población aceptables.

Para reducir la población mundial no debe haber nacimientos, por lo tanto se promueve la anticoncepción, el aborto, la esterilización y la eutanasia, que haya menos nacimientos y anticipar la muerte. Convencer a la mujer de que la maternidad es una penosa carga que no tiene porque asumir y que el responsable y enemigo es el hombre que la deja embarazada.

La ideología de género se propaga por la intervención de los estados, de los organismos internacionales, supranacionales, grupos financistas y banqueros que están desarrollando la mejor y más exitosa tarea mundial de anticoncepción. [59] Esto queda demostrado con la Declaración de Líderes del G20, que tuvo lugar en Argentina en el 2018, cuando dicen y luego desarrollan: *"Este año, nos hemos concentrado en los siguientes pilares: el futuro del trabajo, infraestructura para el desarrollo, un futuro alimentario sostenible y una perspectiva transversal de género en toda la agenda del G20"*.

Resulta apropiado recordar lo mencionado por Global Center for Human Rights:

"Las organizaciones internacionales han sido utilizadas como herramienta de colonización ideológica al dirigirse a países arraigados en valores cristianos. Esto ocurre porque los responsables de la toma de decisiones no conocen bien cómo funcionan la OEA y la ONU. Principalmente,

---

[59] Rayos Garcia (2021)

desconocen cómo estas organizaciones se saltan el papel del poder legislativo, socavando la legislación nacional.

Nadie se compromete a que todo el mundo entienda y respete el Estado de Derecho, incluidas estas poderosas instituciones".
(https://globalcenterforhumanrights.org/es/index.html#home)

Una preocupación de nuestro tiempo es todo lo referente al ser, la búsqueda de lo propio masculino y femenino, o su anulación por parte de la cultura de la ideología de género.

Para llegar al éxito de la ideología de género hay que deconstruir todo lo que se opone, el lenguaje, las relaciones familiares, la reproducción sexual, la educación, la religión, la familia, la cultura, etc. en definitiva, la sociedad entera. Latorre Ariño (2019) dice que la ideología de género tiene como propósito:

a) Destrucción de la unión matrimonial legítima. Lo quiere hacer por medio de la trivialización del contrato o vínculo y de la facilidad para su disolución con procesos acelerados.
b) En materia educativa estrategias de intervención en los textos escolares eliminando la visión humanista sobre el hombre y la mujer.
c) A través de la ley hablar de transversalidad que promueva la integración de las cuestiones de género en la totalidad de los programas sociales, de tal modo que sea esta perspectiva el criterio de análisis y de diseño de las políticas públicas.
d) Considerar a la maternidad como un *"mal a evitar"* al considerarse que subyuga a la mujer y la *"encierra en el hogar"* cortando su capacidad para desarrollarse según sus propios sentimientos.
e) Destruir al varón, poniéndolo como el ser que ha dominado en sí a la mujer y toda su potencialidad que ha sucumbido en todos los medios de la vida pública y social.

Como consecuencia la familia nuclear, tradicional o biparental no tendría razón de ser y aparecen otros modelos de familia. Los promotores de la teoría de género militan, en efecto, a favor de la legalización de la familia "*homoparental*", que pasa por favorecer a estas parejas la adopción, la reproducción asistida y la gestación subrogada, una de esas formas por alquiler de úteros.

Según la ideología de género se debe cambiar los textos escolares y cambiar el lenguaje por sexo genérico y no específico. Vigdis Finnbogadottir en la Conferencia ante el Consejo de Europa preparatoria de Pekín, dijo: "*La Educación es una estrategia importante para cambiar los prejuicios sobre los roles sociales del hombre y la mujer. La perspectiva de género debe integrarse en los programas. Deben eliminarse los estereotipos en los textos escolares y concienciar en este sentido a los maestros, para asegurar así que las niñas y los niños hagan una selección profesional informada, y no en base a los tradicionales prejuicios sobre el género*".

Vidal (2019) refiere que la ideología de género es *un plan planetario* para cambiar el concepto de naturaleza humana. Es el plan más ambicioso de todos los tiempos. Ni los comunistas, ni los nazis quisieron cambiar la naturaleza humana; deseaban imponer un nuevo orden social.

La vida existe *disyuntivamente*: se es varón o mujer, y ambos consisten en su referencia recíproca intrínseca: ser varón es estar referido a la mujer, y ser mujer significa estar referida al varón. Ni uno ni otra pueden definirse aisladamente. Por eso no hay mera diferencia, sino disyunción, polaridad.

De modo tal que hombres y mujeres son diferentes, pero al mismo tiempo iguales. Esta igualdad es un presupuesto incuestionable, y tal igualdad es condición imprescindible para la propia complementariedad.

Sobre el tema, en una entrevista, la feminista y filósofa, especializada en ética, Christina Marie Hoff Sommers dice: "*Empecé a cuestionar el feminismo académico a principios de los años 90, cuando revisé varios libros sobre la filosofía feminista. En lugar de posiciones motivadas sobre las cuestiones de género, me encontré con una infeliz mezcla de política radical, ataques a lo masculino y puntos de vista paranoicos sobre el "patriarcado capitalista". "El feminismo de género ve a las mujeres como víctimas y a los hombres como opresores. Utiliza una propaganda imprudente o temeraria para demostrar su visión del mundo". "Acepto el hecho de que los sexos son diferentes. Hombres y mujeres se complementan entre sí. No estamos en equipos distintos que compiten por un trofeo. Esto no es una competición de suma cero, somos pareja de baile como Fred Astaire y Ginger Rogers. Nuestros destinos están inextricablemente unidos: si uno tiene problemas, el otro también. Necesitamos leyes y políticas razonables que respeten ambos sexos".* (Ramos - 22-11-2012)

6.1.7.- El lenguaje inclusivo y el género gramatical.

Sobre el lenguaje se dice que: *"…enfoca su crítica en la mirada masculina como posición central en el mundo, pues no sólo invisibiliza a lo femenino, también marginaliza a las personas de otras entidades, como los trans. Por ello, los movimientos feministas y LGBTIQ+ reclaman un lenguaje igualitario que represente realmente a todas las personas, ya que, como es evidente, no existe una sola visión del mundo (hombre) ni tampoco dos (hombre y mujer)… Puedes reconocer el uso del lenguaje inclusivo no binario por la inclusión de la vocal "e" en remplazo de las vocales "a" u "o" para designar el género asociado a las palabras…De igual manera sucede cuando se reemplazan las vocales por la letra "x".* (Machuca - 2021)

Zorrilla (2020) refiere que *"para la Academia Argentina de Letras, indefectiblemente, deben recorrerse dos caminos: el lingüístico y el sociopolítico. Una lengua, un cuerpo lingüístico, no puede inventarse o reinventarse conscientemente de la noche a la mañana. No pueden reemplazarse las letras a y o, que diferencian el género, con la arroba, el asterisco, la e o la x porque se tiene la voluntad de hacerlo en contra del androcentrismo o de reflejar con ello una realidad sociopolítica".*

6.1.7.1.- Naciones Unidas y el Lenguaje Inclusivo.

La Organización de Naciones Unidas promociona el lenguaje inclusivo y dice:

"En este sitio web se recopilan distintos recursos cuya finalidad es ayudar al personal de las Naciones Unidas a emplear un lenguaje inclusivo en cuanto al género en los seis idiomas oficiales de la Organización. Por "lenguaje inclusivo en cuanto al género" se entiende la manera de expresarse oralmente y por escrito sin discriminar a un sexo, género social o identidad de género en particular y sin perpetuar estereotipos de género. Dado que el lenguaje es uno de los factores clave que determinan las actitudes culturales y sociales, emplear un lenguaje inclusivo en cuanto al género es una forma sumamente importante de promover la igualdad de género y combatir los prejuicios de género". [60]

Ya el 01 de enero de 2011, las Naciones Unidas formaliza el inicio de actividades de ONU Mujeres, orientada a lograr la igualdad de género y creada por una resolución de la Asamblea General de la ONU en julio de 2010. [61]

---

[60] https://www.un.org/es/gender-inclusive-language/

[61] ONU Mujeres inicia su labor. https://www.unwomen.org/es/news/stories/2011/1/un-women-begins-its-work

Pocos años después se informa[62]:

"*Establecimiento de objetivos. El Secretario General se ha comprometido a alcanzar la paridad en la categoría de personal directivo superior, incluidos los Secretarios Generales Adjuntos, Subsecretarios Generales, representantes especiales y enviados especiales, a más tardar en 2021, y la paridad en todo el sistema de las Naciones Unidas "mucho antes de 2030". El Equipo de Tareas recomienda que el objetivo para el sistema en su conjunto sea 2026, aunque se reconoce que existen algunos casos excepcionales cuya situación de partida puede imposibilitar el logro de este objetivo, por óptimos que sean los esfuerzos. Para esos casos, el objetivo final debería fijarse en 2028*"

En el informe: "***El mundo para las mujeres y las niñas. Informe anual 2019-2020***"[63], dice:

"*Por primera vez, ONU Mujeres superó la marca de USD 500 millones en ingresos, un incremento del 30% frente a 2018, impulsado mayormente por las contribuciones para fines específicos. Las contribuciones voluntarias de 113 Gobiernos y organizaciones intergubernamentales, 28 acuerdos interinstitucionales e instituciones financieras internacionales, y 72 socios del sector privado y de otra índole sumaron el 95% de los USD 500,4 millones de ingresos totales. El 5% restante se compone de prorrateos y otros ingresos provenientes de inversiones, transacciones cambiarias y otras fuentes*".

---

[62] Estrategia para Todo el Sistema sobre la Paridad de Género. https://www.un.org/es/gender-inclusive-language/assets/pdf/Estrategia_ Sistema_Paridad_Genero.pdf

[63] **El mundo para las mujeres y las niñas. Informe anual 2019-2020.** https://www.unwomen.org/sites/default/files/Headquarters/Attachments/S ections/Library/Publications/2020/UN-Women-annual-report-2019-2020-es.pdf

6.1.7.2.- El género gramatical en el idioma español.

La definición de "género gramatical" propuesta por la Real Academia Española en el *Manual de la nueva gramática de la lengua española,* es la siguiente:

"Propiedad gramatical de los sustantivos y de algunos nombres, que incide en la concordancia con los determinantes, los cuantificadores y los adjetivos o los participios".

Concordancia es la congruencia formal que se establece entre las informaciones flexivas de dos o más palabras relacionadas sintácticamente. Ejemplo:

Los niños se sentaron en las sillas sucias: lo que está sucio son las sillas.

Los niños se sentaron en las sillas sucios: se entiende que los niños estaban sucios.

Lo que cambia entre una oración y otra es apenas una letra, y señalan a qué sustantivo modifica el adjetivo *sucio/a*

Esta manera de marcar relaciones entre palabras se llama *concordancia.*

En el género gramatical, para que la concordancia funcione, los sustantivos se tienen que dividir en *clases*, de modo que las palabras que se relacionan con ellos tomen formas distintas. En español dos clases de sustantivos, se le llama "masculino" y a la otra "femenino". No nos detengamos por lo pronto en las motivaciones de estos nombres. Lo importante es que el español tiene dos *géneros gramaticales*, que no quiere decir otra cosa que dos *clases de sustantivos para marcar concordancia.*

En el español el género es una propiedad exclusiva e inherente de los sustantivos.

El lenguaje inclusivo confunde *género* con *sexo*. Para la Gramática, el *género* es una categoría gramatical inherente en sustantivos.

El *sexo* es la condición orgánica, masculina o femenina, de los animales, de las plantas y del ser humano. *Género* y *sexo* no son sinónimos, pues el género de los sustantivos no siempre está ligado al sexo.

Está ligado al sexo cuando se trata de una persona o a un animal, pero, en otros casos, es una propiedad gramatical independiente:

La silla es femenino;

El cuchillo es masculino.

Se estudian en español también los *sustantivos ambiguos*, que pueden emplearse en masculino o en femenino:

El aneurisma, la aneurisma;

El azúcar, la azúcar;

El vislumbre, la vislumbre.

Y los epicenos, del griego común, que se refieren, con un único género, a un animal de uno y de otro sexo:

Pangolín macho, pangolín hembra;

Pantera macho, pantera hembra.

El artículo, los adjetivos o los pronombres carecen propiamente de género, y establecen la concordancia con el sustantivo al que acompañan. Un adjetivo puede ser masculino o femenino dependiendo del sustantivo al que acompañe:

La antigua parada de autobús.

El antiguo coche de mi padre.

En el español también hay una forma neutra:

Del artículo *"lo"*, que no se emplea con sustantivos, sino para sustantivar otros sintagmas[64], como

---

[64] Sintagma. Palabra o conjunto de palabras que se articula en torno a un núcleo y que puede ejercer alguna función sintáctica.

Los adjetivos: *lo amarillo te sienta muy bien;*

Los adverbios: *me impresiona lo lejos que has llegado;*

Los sintagmas preposicionales: *explícame lo de su retraso;*

Los sintagmas oracionales: *lo que me tengas que decir, dímelo ahora.*

El género neutro lo encontramos también en los **pronombres demostrativos**:

"***esto***": *esto es lo que más me gusta de ti;*

"***eso***": *me molestó que dijeses eso;* y

"***aquello***": *aquello de lo que hablamos no tiene importancia.*

Estos pronombres, al igual que el resto de los demostrativos, sirven para indicar la distancia, en el espacio o en el tiempo, entre dos entes o para mostrar la situación de los objetos según su situación respecto del hablante.

También posee un género neutro, el **pronombre personal tónico**:

"***ello***": *me voy a dar cuenta de ello tarde o temprano.*

El género en español tiene una diferente significación en función de si se usa con sustantivos animados o inanimados.

Con sustantivos inanimados lo más habitual es que se limite a ser un elemento que está al servicio de la concordancia, sin ninguna significación:

El cabello amarillo

No obstante, sí que puede tenerla, de modo que en sustantivos inanimados puede servir para la distinción de:

Tamaño: *barco / barca:*

Individualidad frente a conjunto: *leño / leña).*

En sustantivos animados, el género se emplea para distinguir sexo:

Perro / Perra;

Caballo / Yegua;

El estudiante / La estudiante).

En general los sustantivos terminados en *"o"* son masculinos: *el plato, el bolígrafo, el pelo, el teclado, el niño.*

No obstante, hay excepciones a esta regla, hay palabras como *la mano, la nao* o *la seo, la foto, la moto, la radio,* que son palabras de género femenino y que terminan en *o*.

A la hora de formar el género femenino en español en sustantivos comunes, lo más habitual y en general, son femeninos los sustantivos terminados en *"a"* átona": *la papelera, la cocina, la estantería, la silla.*

Como excepción encontramos palabras de género masculino que, sin embargo, terminan en la vocal *"a", el mapa, el día, el problema, el pijama.* (Caldevilla Rodríguez - 2017)

6.1.7.3.- El lenguaje inclusivo es inviable.

El lenguaje inclusivo no tiene posibilidades razonables ni académicas de llevarse a cabo, dado que la simple sustitución de términos es un enfoque reduccionista y poco serio. No considera los verdaderos obstáculos lingüísticos que presenta la implementación del lenguaje inclusivo en el idioma español.

No pueden reemplazarse las letras *"a"* y *"o"*, que diferencian el género, con la *"arroba"*, el *"asterisco"*, la *"e"* o la *"x"* porque se tiene la voluntad de hacerlo en contra del androcentrismo o de reflejar con ello una realidad de empoderamiento social y político.

El masculino genérico o masculino gramatical ya es inclusivo, al decir *Los hombres no son inmortales* o *El hombre no es inmortal*, se sabe que ese sustantivo *hombre*, en singular o en plural, se refiere a todos *los humanos*, mujeres y varones.

No corresponde en el idioma español *niñ@s, niñ*s* o *niñxs*, dado que la *"arroba"* es un símbolo que en las direcciones electrónicas separa el nombre del usuario del nombre del dominio. No es una letra.

El *asterisco* (del griego 'estrellita') es un signo ortográfico auxiliar, en forma de estrella (*) que, entre otros usos, se utiliza como llamada de nota. En lingüística para indicar que una forma, palabra o frase es hipotética, incorrecta o agramatical.

La *x* es una consonante. No puede ocupar el lugar de las vocales. Salvador y Lodares (1996) lingüistas, estudiosos del significado de las letras, refieren en el significado de las letras, que la "*x*" tiene un halo de letra científica y abstracta, representa lo incógnito.

En la actualidad, hay coincidencia en las Academias que el desdoblamiento indiscriminado e innecesario del sustantivo en su forma masculina y femenina, atenta contra la economía del lenguaje y se funda en razones extralingüísticas. Se busca un lenguaje claro o llano, una sintaxis, oral y escrita, ágil, despojada de trabas y de redundancias. Debe evitarse:

Quedan todos y todas invitados e invitadas a participar de la Jornada Pedagógica en que maestros y maestras hablarán sobre los progresos experimentados por alumnos y alumnas con los nuevos métodos de trabajo.

Se admite:

Señoras y señores, bienvenidos a nuestra casa.

En el resto de los casos, solo cuando el contexto no deja suficientemente claro que el masculino plural comprende a uno y otro sexo. (Zorrilla - 2020)

Es de destacar que las academias de la lengua española coinciden en que el llamado "lenguaje inclusivo", no es un lenguaje, sino una posición sociopolítica que responde al interés de un grupo. Este grupo trata de imponer una ideología con el objeto de lograr el tan mencionado empoderamiento de la mujer.

Peiró (2021) referente al llamado lenguaje inclusivo refiere que el escritor Arturo Pérez Reverte ha manifestado es "una estupidez" y el Novel de Literatura Mario Vargas Llosa lo calificó directamente de "aberración".

Agrega que instituciones como la Real Academia Española, la Academia Argentina de Letras y la Academia Nacional de Educación también se pronunciaron con un contundente rechazo a la pretensión igualitaria de este lenguaje: "*Los estilos inclusivos no contribuyen a señalar la igualdad de los sexos, sino que, por el contrario, sugieren la existencia de una rivalidad y no de un encuentro fundamental y profundo entre ambos*". Este lenguaje "*complejiza la lengua tanto como su enseñanza*", la Academia apunta a la intencionalidad y a la ideología de quienes lo promueven.

La Academia Argentina de las Letras ya había calificado al lenguaje inclusivo como resultado "*de una posición sociopolítica que desea imponer un grupo minoritario*".

La Academia Argentina de Educación menciona la posición adoptada por las autoridades en Francia, tanto académicas como políticas, que prohibieron la escritura inclusiva en la administración y, sobre todo, en la Escuela. Explicaron que "*Es perjudicial para la práctica y la inteligibilidad de la lengua francesa*" a la vez que su "*complejidad e inestabilidad constituyen obstáculos tanto para la adquisición del lenguaje como para la lectura*".

Concluye mencionando que en la Argentina, en cambio, donde las últimas pruebas PISA mostraron que más de la mitad de los alumnos de 15 años no comprenden lo que leen, nuestros dirigentes se dan el lujo de confundirlos todavía más, alterando las normas del idioma. Instituciones que deberían cultivar la excelencia, ser custodias y transmisoras de cultura, como algunas facultades de la Universidad de Buenos Aires, promueven estos barbarismos que degradan el idioma.

Los cultores del llamado lenguaje inclusivo continúan diciendo: "bonaerenses y bonaerensas", "el equipo y la equipa", "albañila", etc.

Dr. Luis Anunziato

Capítulo 7.

7.1.- El Estado Feminista

El Estado Feminista o Feminismo de Estado es un término que ha surgido para describir oficinas de políticas de mujeres dentro del estado, que se ocupan de cuestiones de la mujer y de igualdad de género.

Desde los años sesenta y setenta se han fundado numerosas instituciones cuya principal función es difundir la ideología de género y alcanzar el empoderamiento de la mujer, mencionando el deseo de un mayor grado de igualdad entre las mujeres y los hombres.

El Feminismo de Estado, aunque variable entre países, se caracterizó, primero, por la creación de departamentos públicos especializados y luego por el establecimiento de cupos o cuotas para facilitar el acceso de las mujeres a los puestos de poder. Además de este giro centrado en el estado, también hubo un importante proceso de estímulo a las ONG feministas[65]. El apoyo estatal a estas ONG militantes fue de suma importancia, así como el apoyo de donantes

---

[65] Mendoza (2014)

internacionales. Se sumó que los movimientos feministas integraron instituciones internacionales, para intervenir como promotores o supervisores de nuevas políticas para reducir las desigualdades de género.

Estas instituciones feministas se han consolidado en la mayor parte de los países occidentales y en ocasiones en organismos similares de considerable importancia en el ámbito local, regional, nacional e internacional. Se constituye en esta forma el *"Estado Feminista"*.

Valiente Fernández (1994) se pregunta:

- ¿Fueron las instituciones estatales las que aceptaron las demandas planteadas por algunos sectores del movimiento feminista?

De ser así:

¿Qué actores políticos se constituyeron en aliados de las organizaciones de mujeres feministas, en sus esfuerzos por conquistar un espacio en el Estado y qué convenio impusieron posteriormente tales alianzas?

- ¿Las asociaciones feministas llegan al Estado por acción de un partido político?

¿Por qué, el partido político decidió incluir en su programa de actuación la creación del feminismo oficial, y buscó entonces la alianza con las organizaciones femeninas?

Las mismas preguntas son útiles para establecer:

¿Por qué las naciones crearon una Comisión de Mujeres en la Organización de Naciones Unidas?

McBride y Mazur (2010) refieren que una de las respuestas de los políticos al activismo del movimiento de mujeres feministas durante medio siglo, ha sido establecer instituciones diseñadas específicamente para tratar las demandas de los grupos de mujeres feministas.

El núcleo es la interrelación entre las autoridades de instituciones políticas y los movimientos feministas. Así, los mismos autores mencionados en el párrafo anterior, entienden que hay tipologías de agencias de políticas para las mujeres: agencias *Insiders* (aliadas), marginales, simbólicas y antifeministas

Las agencias *Insiders* son aquellas que facilitan los debates políticos, enmarcados en los términos de las demandas de los movimientos de mujeres y, en consecuencia, introducen la justicia y la igualdad de género en las normas y regulaciones.

Estas agencias Insiders son las que las autoras consideran una expresión del *"Feminismo de Estado"* ya que lograrían políticas públicas feministas, gracias a las estructuras de consulta y diálogo con el movimiento de mujeres.

Sin embargo, las agencias pueden ser *marginales*, cuando carecen de las capacidades para promover los derechos de las mujeres y las políticas de igualdad de género, por lo que tienen dificultades al momento de redistribuir el poder social.

Las agencias son *simbólicas* cuando están excluidas de los principales debates políticos y sin vínculos con los movimientos feministas. Estas agencias quedan al margen de las demandas de los movimientos y de la agenda política.

Las autoras consideran la posibilidad de que existan agencias *antifeministas,* cuando las políticas se sustentan en ideas que expresan relaciones antagónicas con el movimiento de mujeres feministas.

McBride y Mazur (2010) dicen que cuando se trata de género, es el punto de mayor tensión, entendiendo *"cuándo y bajo qué circunstancias las agencias estatales son aliadas con los actores del movimiento feminista, para desafiar las bases patriarcales del propio Estado"*

En este sentido, Kantola y Outshroom (2007) mencionan que es central para determinar la calidad del nexo entre las agencias y el movimiento de mujeres, para que éstas puedan lograr instalar políticas públicas beneficiosas para las mujeres.

Una característica del Estado Feminista es la alianza exitosa entre las oficinas de políticas de mujeres en el Estado y las activistas del movimiento de mujeres.

7.2.- Feminismo de mercado

Se está asistiendo a un paulatino cambio de un *Feminismo en el Estado,* en algunos casos *Estado Feminista,* a un *Feminismo en el Mercado,* debido a que los compromisos con las agendas de políticas públicas están cada vez más mediados por organizaciones del sector privado, según la lógica del mercado.

La Asociación para los Derechos de las Mujeres y el Desarrollo (AWID 2007) señala que las feministas que se han incorporado al Estado, pero con el compromiso de continuar impulsando el feminismo, llamadas "femócratas". Las femócratas han comenzado a no recurrir al Estado, sino al mercado para financiarse. Este artículo refiere que los gobiernos han adoptado diferentes grados de reformas con tendencia liberal, que han inducido a las agencias feministas a adoptar igual tendencia.

En el mismo sentido se expresó el Servicio Nacional de la Mujer y la Equidad de Género de Chile, destacando que el organismo busca financiamiento privado para sus actividades. (Stoffel 2007)

Banaszak y colaboradores (2003) comentan que en los años ochenta y noventa el Estado ha *"reformado, reubicado y rearticulado sus poderes y sus responsabilidades políticas"* ubicándose en una gobernanza multinivel. Sobre la autoridad estatal se han colocado organizaciones supranacionales, debajo niveles provinciales o regionales, esto mejora las oportunidades para que las feministas ingresen a los escenarios de políticas. También hay delegación de poderes y responsabilidades del estado a organizaciones civiles, en este caso va en contra de los intereses feministas. Pero en ambos casos marca el profundo debilitamiento del Estado.

Las organizaciones feministas requieren estabilidad organizativa y financiación, esto necesita experiencia en recaudación de fondos, objetivos que hace que las activistas sean cada vez más responsables en inclinarse a los organismos de financiación que a los electorados políticos. (Chasin 2000 – Richardson 2005)

Una característica del feminismo estatal es la alianza exitosa entre las agencias de políticas de mujeres y las activistas del movimiento de mujeres con el Estado y el feminismo de mercado tiene estas mismas alianzas, a lo que se agrega estrategias específicas, financiamiento y discurso basados en ideas y prácticas de mercado. Pero el feminismo de estado y de mercado no son estamentos separados. Las acciones del feminismo de mercado están determinadas por la actividad o inactividad del estado.

7.3.- El feminismo en la Organización de Naciones Unidas.

Con el antecedente de los beneficios otorgados a las mujeres en la creación de la Sociedad de las Naciones, Tratado de Versalles[66] (28-06-1919) la Comisión de la Condición Jurídica de la Mujer se reúne por primera vez en Lake Success, Nueva York en febrero de 1947, a menos de dos años de la creación de la ONU.

En la página web de ONU Mujer[67] relata que la comisión se centró en establecer normas y formular convenciones internacionales con el objeto que cambiasen las leyes discriminatorias y aumentara la sensibilización mundial sobre las cuestiones de la mujer. Además, forjó una estrecha relación con las organizaciones no gubernamentales, que eran invitadas a participar en las sesiones de la Comisión en calidad de observadoras.

---

[66] Ver punto 4.5.2.6.-

[67] https://www.unwomen.org/es/csw/brief-history

La Comisión elaboró, trabajo o colaboró, entre otros temas, en:

- Declaración Universal de los Derechos Humanos (1948)
- La Convención sobre los Derechos Políticos de la Mujer (1953) primer instrumento de derecho internacional en reconocer y proteger los derechos políticos de las mujeres
- Convención sobre la Nacionalidad de la Mujer Casada (1957)
- Convención sobre el consentimiento para el matrimonio, edad mínima para contraer matrimonio y registro de los matrimonios (1962)
- Convenio relativo a la igualdad de remuneración entre la mano de obra masculino y la femenina por un trabajo de igual valor, de la Organización Internacional del trabajo (1951)
- Declaración sobre la eliminación de la discriminación contra la mujer, que la Asamblea aprobó en última instancia en 1967.
- Convención sobre la eliminación de todas las formas de discriminación contra la mujer (1979)
- Protocolo Facultativo de la Convención que introdujo el derecho a presentar una demanda para las mujeres víctimas de discriminación (1999)

En el 2011 se fusionan:

a) La División para el Adelanto de la Mujer;
b) El Instituto Internacional de Investigaciones y Capacitación para la Promoción de la Mujer;
c) La Oficina del Asesor Especial en Cuestiones de Género y Adelanto de la Mujer; y
d) El Fondo de Desarrollo de las Naciones Unidas para la Mujer, Convirtiéndose en ONU Mujeres que hoy es la Secretaría de la Comisión de la Condición Jurídica y Social de la Mujer.

La Comisión de la Condición Jurídica y Social de la Mujer es el principal órgano internacional intergubernamental dedicado exclusivamente a la promoción de la igualdad de género y el empoderamiento de la mujer.

ONU Mujeres dice: "En este informe se ofrece una visión general del progreso conseguido durante el tercer año de ejecución del Plan Estratégico para 2014-2017 de ONU-Mujeres..."[68]. En la introducción del informe dice:

"El año 2016 ha estado marcado por una renovada atención dedicada a la igualdad de género y al empoderamiento de la mujer y las niñas en todo el mundo".

En cuanto a los recursos:

"G. Movilización de recursos

110... La Entidad aumentó sus ingresos en comparación con los niveles de 2015, llegando a los 327 millones de dólares,...

111. Se celebró un proceso de mesa redonda de donantes...La primera reunión de estas mesas redondas generó cerca de 40 millones de dólares en firmes promesas de contribución multianual...112. Las contribuciones del sector empresarial, fundaciones, personas con un valor neto alto, donantes digitales y Comités Nacionales sumaron 15 millones de dólares...".

7.3.1.- Fondos Fiduciarios de ONU Mujeres.

Fondos Fiduciarios para la Igualdad de Género[69] tiene un propósito principal: apoyar a las organizaciones nacionales de la sociedad civil lideradas por mujeres para lograr el

---

68

https://www.unwomen.org/sites/default/files/Headquarters/Attachments/Sections/Executive%20Board/2017/Annual%20Session%202017/UNW-2017-2-Annual%20Report%20of%20the%20Executive%20Director-ES.pdf

69 https://www.unwomen.org/es/trust-funds/fund-for-gender-equality

empoderamiento económico y político de las mujeres y objetivos de desarrollo sostenible.

Desde su creación en 2009, el Fondo ha fortalecido las capacidades de 131 organizaciones y ha otorgado USD 65 millones en subvenciones a 121 proyectos en 80 países. Estos proyectos han mejorado directamente la vida de 570.000 personas y han beneficiado a millones más a través de cambios sostenidos en la política pública.

Fondos Fiduciarios para Eliminar la Violencia Contra la Mujer[70] concede subvenciones a iniciativas que demuestran que la violencia contra las mujeres y las niñas puede ser abordada, reducida y, con persistencia, eliminada sistemáticamente.

Desde su creación en 1996 por la resolución 50/166 de la Asamblea General de la ONU, el Fondo Fiduciario de la ONU ha concedido USD 198 millones a 609 iniciativas en 140 países y territorios. En 2020, gestionó un portafolio de subvenciones de 150 proyectos destinados a prevenir y abordar la violencia contra las mujeres y las niñas en 71 países y territorios.

7.4.- Estado Feminista en España.

Desde los años setenta en algunos movimientos feministas las activistas mostraron disposición en ocupar posiciones en organismos oficiales.

Valiente Fernández (1994) menciona que las feministas socialistas consiguieron posiciones importantes dentro del Partido Socialista Obrero (PSOE) para luego pedir la creación de instituciones de igualdad, si su partido llegaba al gobierno. El Partido tomó un creciente compromiso con la igualdad entre los géneros años antes de su elección. Así el Instituto de la

---

[70] https://www.unwomen.org/es/trust-funds/un-trust-fund-to-end-violence-against-women

Mujer fue fundado cuando un partido socialdemócrata, el Partido Socialista Obrero (PSOE), alcanzó el poder.

En el programa electoral del PSOE de 1982, incluye la declaración según la cual *"en el ámbito de la Administración se creará una comisión para la igualdad que garantice la no discriminación entre los dos sexos"*.

El Instituto de las Mujeres fue creado tras la victoria electoral del PSOE de 1982 principalmente como resultado de las demandas de un sector de militantes feministas.

El Instituto de las Mujeres en su página[71], dice: *"Por medio de la Ley 16/1983, de 24 de octubre, publicada en el Boletín del Estado el día 26 de octubre, se crea el Instituto de la Mujer"*.

Con el tiempo pasa a ser incluido en el Ministerio de Igualdad; Secretaria de Estado de Igualdad y Contra la Violencia de Género; Instituto de las Mujeres en la Memoria Económica Plan Estratégico para la igualdad efectiva de mujeres y hombres 2022-2025[72], establece que el presupuesto para todo el período de duración asciende a 20.318.545.544 euros, en cuatro ejes.

EJES	2022-2025
I. Buen Gobierno: hacia formas de hacer y decidir más inclusivas.	58.966.198
II. Economía para la vida y reparto justo de la riqueza.	18.461.175.440
III. Hacia la garantía de vidas libres de violencia machista para las mujeres.	972.084.399
IV. Un país con derechos efectivos para todas las mujeres.	826.319.507
TOTAL en euros	20.318.545.544

En el escrito original del Plan Estratégico, página 8°, en el total en euros figura 20.318.545.545.

---

[71] https://www.inmujeres.gob.es/elInstituto/conocenos/home.htm

[72] https://www.inmujeres.gob.es/elInstituto/PlanesEstrategicos/ docs/ Memoria_economica_2022_2025.pdf

7.5.- Estado Feminista en Argentina.

7.5.1.- Reseña de la admisión del feminismo en el Estado.

Con las elecciones del año 1983, asume la Presidencia de la Nación Raúl Ricardo Alfonsín, quien gobernará hasta 1989.

En marzo de 1987 se creó por Decreto presidencial N° 280/87 la *Subsecretaría de la Mujer*, dependiente de la Secretaría de Derecho Humano y Familia del Ministerio de Salud y Acción Social.

La Subsecretaría de la Mujer se consideró el primer organismo nacional especializado en la promoción de los derechos de las mujeres.

Fue designada Subsecretaria a Zita Montes de Oca (Feminista, periodista, conductora y productora de programas radiales) el equipo de trabajo, aproximadamente 40 personas. Muchas fueron, inicialmente, asesoras *ad honorem* y posteriormente personal de planta, habiendo trabajado con un enorme "voluntarismo" y recursos escasos.

En 1992 se crea Consejo Nacional de la Mujer por Decreto 1426/92, en cumplimiento del compromiso asumido en la Convención sobre la Eliminación de toda forma de Discriminación contra la Mujer (CEDAW), adoptada en diciembre de 1979 por la Asamblea General de las Naciones Unidas y ratificada por Argentina en 1985, mediante la Ley 23.179. Dependía del Poder Ejecutivo Nacional a través del Ministerio de Desarrollo Social.

El presidente Carlos Saúl Menen designa a Virginia Franganillo (Feminista. Licenciada en Sociología y especialista en Estudios de la Mujer) con rango de Subsecretaria, como presidenta del Consejo Nacional de la Mujer. El proyecto fue diseñado por un conjunto de mujeres militantes e intelectuales feministas, entre ellas la socióloga Virginia Franganillo.

El debate en torno a la reforma constitucional en 1994 cambió el destino del Consejo Nacional de la Mujer. La propuesta oficialista de incluir una cláusula que prohibiría cualquier forma de aborto detonó la renuncia de Franganillo y, con su salida, la de otras feministas. (Bellucci - 1997)

Esther Schiavoni (1946-2006 – Política. Licenciada en Letras. Magíster en Administración y Políticas Públicas) es designada presidenta en 1996 del Consejo Nacional de la Mujer declarándose defensora de la familia y del "derecho a la vida". Se eliminó el Gabinete de Consejeras Presidenciales (Decreto 291/95), por lo que las decisiones quedaron concentradas en Schiavoni. Según Weathers, (2004) todo esto produjo distanciamiento con el movimiento feminista.

Con Schiavon el Consejo Nacional de la Mujer monitoreó el cumplimiento de la ley de cupo y desarrolló acciones contra la violencia hacia las mujeres. La Ley 24.012/1991 de cupo femenino determinó que al menos el 30% de las listas de candidatos que presentan los partidos en las elecciones estuviera ocupado por mujeres.

En el 2004 asume la presidenta del Consejo Nacional de la Mujer, María Lucila Colombo (Feminista. Política. Master en Diseño y Gestión de Políticas Públicas) contraria a la despenalización del aborto, priorizó la asistencia social a las familias en condiciones de pobreza. No incorporó los derechos sexuales y reproductivos.

Entre los años 2008 y 2011, Lidia Mondello (Feminista que abogó a favor del aborto legal ejerció la presidencia)

Por Decreto Presidencia N° 326/10 el Consejo Nacional de la Mujer pasó a denominarse Consejo Nacional de las Mujeres en plural.

Entre 2011 y 2015, Mariana Grass (Profesora Titular de la Universidad Nacional de La Plata) ejerció la presidencia del Consejo Nacional de las Mujeres, bajo un nuevo marco normativo dado por la Ley 26.485 de "Protección integral para prevenir, sancionar y erradicar la violencia contra las mujeres en los ámbitos en que desarrollan sus relaciones interpersonales". Incorporó algunas feministas, ofreció el acceso a pequeños subsidios (Programa Ellas Hacen)

El Consejo Nacional de la Mujer es reemplazado por Decreto N° 698 de 2017, por el Instituto Nacional de las Mujeres como ente descentralizado del Ministerio de Desarrollo Social.

Fabiana Túñez (Feminista, con destacada actuación en violencia contra la mujer) es designada presidenta. Como Instituto Nacional de las Mujeres gana autonomía en la toma de decisiones y ejecución de su presupuesto. A fines de 2019, contaba con 260 personas. Túñez utilizó el pañuelo verde en la Campaña por el Aborto Legal, Seguro y Gratuito durante la discusión del proyecto de ley en el Congreso en 2018.

En las elecciones del año 2019 resultó triunfante Alberto Ángel Fernández, por el Frente de Todos. El Instituto Nacional de las Mujeres es disuelto por el Decreto N° 7, del 10 de diciembre de 2019 y sustituido por el Ministerio de las Mujeres, Géneros y Diversidad. Su normativa estableció los derechos de las mujeres y las diversidades como *objetivos prioritarios* del Estado (Decreto 50/2019).

7.5.2.- Ministerio de las Mujeres, Géneros y Diversidad.

En los considerandos de la Resolución 24 del 21-05-2020, del Ministerio de las Mujeres, Géneros y Diversidad, dice:

"Que compete al Ministerio de las Mujeres, Género y Diversidad entender en el diseño, ejecución y evaluación de políticas públicas nacionales en materia de género, igualdad y diversidad, asistiendo al Presidente de la Nación y a la Jefatura de Gabinete de Ministros en todo lo inherente a las cuestiones de su competencia"

"Que conforme lo dispone el artículo 1° de la Ley 26.485, además de los aspectos referidos especialmente a la violencia contra las mujeres, es objeto de la ley promover y garantizar: la eliminación de la discriminación entre mujeres y hombres en todos los órdenes de la vida; las condiciones aptas para sensibilizar y prevenir, sancionar y erradicar la discriminación y la violencia contra las mujeres en cualquiera de sus manifestaciones y ámbitos y la remoción de patrones socioculturales que promueven y sostienen la desigualdad de género y las relaciones de poder sobre las mujeres."

En lo resolutivo y en el:

Artículo 1°.

"Créase en el ámbito del Ministerio de las Mujeres, Género y Diversidad el "Consejo Asesor Ad-Honoren del Ministerio de las Mujeres, Género y Diversidad", también denominado "Consejo Asesor Ad- Honorem", integrado por activistas feministas, de la diversidad sexual y de las identidades de género de reconocida trayectoria en alguno de los siguientes ámbitos: académicos, sindicales, movimientos sociales, organizaciones de la sociedad civil, asociaciones o consejos de profesionales especializados".

Con todo lo mencionado el autor no tiene más que coincidir con las afirmaciones de Woodward (2003), al igual que Mazur y McBride (2008) al considerar que el *"Feminismo de Estado"* produce acciones para que las activistas feministas se incorporen al estado; estas a su vez favorecen el ingreso de personas del movimiento feminista y LGBTIQ+, para ocasionar acciones y efectos feministas y de diversidad en términos políticos, de impacto social o ambos.

Pero hay que agregar que las aspiraciones legítimas y laudables de las primeras mujeres liberales, que reclamaban igualdad, se ven desvirtuadas ante la obtención de un desproporcionado empoderamiento dentro del estado, ahora desigual en desmedro del sexo masculino.

El cambio de orientación fue realizado por las mujeres feministas radicales que mediante acciones políticas llegaron a integrar el Estado para transformarlo en un *"Estado Feminista"*, perdiendo de vista la búsqueda de la igualdad y el bien común de la sociedad.

7.5.2.1.- Acciones del Ministerio.

Según la difusión que realiza el Ministerio de las Mujeres, Géneros y Diversidad[73], ejecuta diversos planes de acción entre ellos:

Programa Acompañar:

El programa acompañar está dirigido a mujeres y *LGBTI+* en situación de violencia de género en todo el país, consistente en:

- Apoyo económico, equivalente al Salario Mínimo, Vital y Móvil por 6 meses consecutivos a mujeres y LGBTI+ que se encuentran en situación de violencia de género. Que en setiembre de 2022 representa $ Arg 47.850. El dólar no oficial a mediados de setiembre de 2022 estaba para compra $Arg. 272 y venta $Arg. 176, los $Arg, 47.850 representan 173,369 dólares. [74]
- Acompañamiento integral y acceso a dispositivos de fortalecimiento psicosocial para las personas incluidas en el programa, coordinado con los gobiernos provinciales y locales.

Además realiza: a) Diferentes encuestas y planes contra la violencia con motivos de género; b) Acceso a la interrupción voluntaria del embarazo (Ley 27.610); d) Programa registradas, para reducir la informalidad laboral en el sector de trabajadoras de casas particulares; e) Registro Nacional de Organizaciones Sociales que abordan temáticas de género y diversidad

Presupuesto 2021: el primer Presupuesto con Perspectiva de

---

[73] Consultado en: https://www.argentina.gob.ar/generos

[74] https://www.cronista.com/finanzas-mercados/dolar-hoy-a-cuanto-cotiza-este-jueves-15-de-septiembre-en-los-bancos/

Género y Diversidad[75].

"El presente informe trabaja sobre el proyecto de Presupuesto 2021 enviado por el Ejecutivo al Congreso. Dicho proyecto sufrió modificaciones en el ámbito del Poder Legislativo y finalmente se sancionó un presupuesto que contiene 57 actividades etiquetadas como "PPG" que equivalen a $1,3 billones de crédito con impacto en género". [76]

En el presupuesto se presenta un cuadro detallando las metas físicas y el presupuesto asignado para cada organismo y al Ministerio de las Mujeres, Género y Diversidad refiere:

Iniciativa Destacada

- Formulación de Políticas contra la Violencia por Razones de Género.
- Políticas de Igualdad y Diversidad.
- Formación y Cambio Cultural.
- Apoyo a la Implementación de Políticas de Género.

Metas Físicas

- 181.700 Asistencias Integrales a Víctimas de Violencia por Razones de Género (línea 144)
- 55.000 Asistencias a Personas LGTBI+ para el Pleno Acceso a Derechos e Igualdad.

Presupuesto Anual 2021 Asignado solo al Ministerio de las Mujeres, Género y Diversidad.

$Arg. 6.205 Millones

La Agencia Nacional de Noticias (TELAM) publica[77], con fecha 25-10-2022, que: "El Presupuesto 2023 contempla partidas por más de $4 billones para políticas con perspectiva

---

[75] https://www.argentina.gob.ar/sites/default/files/presupuesto_ 2021-el_primer_presupuesto_con_perspectiva_de_genero_y_di versidad_1.pdf

[76] Políticas con perspectiva de género.

[77] https://www.telam.com.ar/notas/202209/605923-presupuesto-2023-politicas-perspectiva-genero.html

de género (PPG) en las distintas áreas del Gobierno, que equivalen al 14,65% del monto total de los gastos e inversiones previstos para el próximo año".

La cotización del dólar oficial[78] para la fecha de la publicación fue de $153,50 para la compra y de $161,50 para la venta. Tomando este último valor, el monto del presupuesto asignado para políticas con perspectiva de género (PPG) en las distintas áreas del Gobierno representa 24.747.801.857,58 dólares.

Resulta muy llamativo este enorme gasto en políticas de género, cuando El Cronista[79] en economía y Política – Indec relata el estado de la República Argentina: "*Uno de cada tres habitantes en el país no tiene acceso a las redes de gas y cloacas y un 12,3% de la población no dispone de agua corriente en su vivienda. Además otro 12% vive en hogares con condiciones de hacinamiento crítico y un 6% de la población habita cerca de basurales*".

7.6.- Acciones del Estado Feminista en Argentina

Algunas de las leyes promulgadas en la República Argentina con impulso feminista y en relación a la ideología de género:

---

[78] https://tn.com.ar/economia/2022/10/25/dolar-blue-y-dolar-hoy-todas-las-cotizaciones-de-este-martes-25-de-octubre/

[79] https://www.cronista.com/economia-politica/en-el-pais-5-5-millones-de-personas-no-tienen-agua-corriente-y-hay-14-millones-sin-cloacas/

7.6.1.- Ley de protección integral a las mujeres. N° 26.485/2009.

La ley establece que tiene por objeto: "*prevenir, sancionar y erradicar la violencia contra las mujeres en los ámbitos en que desarrollen sus relaciones interpersonales*". Se consignan algunos artículos:

"*Artículo 2°.*

a) *La eliminación de la discriminación entre mujeres y varones en todos los órdenes de la vida;*
b) *El derecho de las mujeres a vivir una vida sin violencia;*
c) *Las condiciones aptas para sensibilizar y prevenir, sancionar y erradicar la discriminación y la violencia contra las mujeres en cualquiera de sus manifestaciones y ámbitos;*
d) *El desarrollo de políticas públicas de carácter interinstitucional sobre violencia contra las mujeres;*
e) *La remoción de patrones socioculturales que promueven y sostienen la desigualdad de género y las relaciones de poder sobre las mujeres;*
f) *El acceso a la justicia de las mujeres que padecen violencia;*
g) *La asistencia integral a las mujeres que padecen violencia en las áreas estatales y privadas que realicen actividades programáticas destinadas a las mujeres y/o en los servicios especializados de violencia.*

Artículo 4°.

Se entiende por violencia contra las mujeres toda conducta, acción u omisión, que de manera directa o indirecta, tanto en el ámbito público como en el privado, basada en una relación desigual de poder, afecte su vida, libertad, dignidad, integridad física, psicológica, sexual, económica o patrimonial, como así también su seguridad personal. Quedan comprendidas las perpetradas desde el Estado o por sus agentes.

Se considera violencia indirecta, a los efectos de la presente ley, toda conducta, acción u omisión, disposición, criterio o práctica discriminatoria que ponga a la mujer en desventaja con respecto al varón.

Artículo 5°. Tipos. *Quedan especialmente comprendidos en la definición del artículo precedente, los siguientes tipos de violencia contra la mujer:*

1.- Física: *La que se emplea contra el cuerpo de la mujer produciendo dolor, daño o riesgo de producirlo y cualquier otra forma de maltrato o agresión que afecte su integridad física.*

2.- Psicológica: *La que causa daño emocional y disminución de la autoestima o perjudica y perturba el pleno desarrollo personal o que busca degradar o controlar sus acciones, comportamientos, creencias y decisiones, mediante amenaza, acoso, hostigamiento, restricción, humillación, deshonra, descrédito, manipulación o aislamiento. Incluye también la culpabilización, vigilancia constante, exigencia de obediencia o sumisión, coerción verbal, persecución, insulto, indiferencia, abandono, celos excesivos, chantaje, ridiculización, explotación y limitación del derecho de circulación o cualquier otro medio que cause perjuicio a su salud psicológica y a la autodeterminación.*

3.- Sexual: *Cualquier acción que implique la vulneración en todas sus formas, con o sin acceso genital, del derecho de la mujer de decidir voluntariamente acerca de su vida sexual o reproductiva a través de amenazas, coerción, uso de la fuerza o intimidación, incluyendo la violación dentro del matrimonio o de otras relaciones vinculares o de parentesco, exista o no convivencia, así como la prostitución forzada, explotación, esclavitud, acoso, abuso sexual y trata de mujeres.*

4.- Económica y patrimonial: *La que se dirige a ocasionar un menoscabo en los recursos económicos o patrimoniales de la mujer, a través de:*

a) La perturbación de la posesión, tenencia o propiedad de sus bienes;

b) La pérdida, sustracción, destrucción, retención o distracción indebida de objetos, instrumentos de trabajo, documentos personales, bienes, valores y derechos patrimoniales;

c) La limitación de los recursos económicos destinados a satisfacer sus necesidades o privación de los medios indispensables para vivir una vida digna;

d) La limitación o control de sus ingresos, así como la percepción de un salario menor por igual tarea, dentro de un mismo lugar de trabajo.

*5.- **Simbólica**: La que a través de patrones estereotipados, mensajes, valores, íconos o signos transmita y reproduzca dominación, desigualdad y discriminación en las relaciones sociales, naturalizando la subordinación de la mujer en la sociedad.*

***Artículo 6°. Modalidades.** A los efectos de esta ley se entiende por modalidades las formas en que se manifiestan los distintos tipos de violencia contra las mujeres en los diferentes ámbitos, quedando especialmente comprendidas las siguientes:*

*a) **Violencia doméstica**: contra las mujeres: aquella ejercida contra las mujeres por un integrante del grupo familiar, independientemente del espacio físico donde ésta ocurra, que dañe la dignidad, el bienestar, la integridad física, psicológica, sexual, económica o patrimonial, la libertad, comprendiendo la libertad reproductiva y el derecho al pleno desarrollo de las mujeres. Se entiende por grupo familiar el originado en el parentesco sea por consanguinidad o por afinidad, el matrimonio, las uniones de hecho y las parejas o noviazgos. Incluye las relaciones vigentes o finalizadas, no siendo requisito la convivencia;*

*b) **Violencia institucional**: contra las mujeres: aquella realizada por las/los funcionarias/os, profesionales, personal y agentes pertenecientes a cualquier órgano, ente o institución pública, que tenga como fin retardar, obstaculizar o impedir que las mujeres tengan acceso a las políticas públicas y ejerzan los derechos previstos en esta ley. Quedan comprendidas, además, las que se ejercen en los partidos políticos, sindicatos, organizaciones empresariales, deportivas* *y de la sociedad civil;*

*c) **Violencia laboral**: contra las mujeres: aquella que discrimina a las mujeres en los ámbitos de trabajo públicos o privados y que obstaculiza su acceso al empleo, contratación, ascenso, estabilidad o permanencia en el mismo, exigiendo requisitos sobre estado civil, maternidad, edad, apariencia física o la realización de test de embarazo. Constituye también violencia contra las mujeres en el ámbito laboral quebrantar el derecho de igual remuneración por igual tarea o función. Asimismo, incluye el hostigamiento psicológico en forma sistemática sobre una determinada trabajadora con el fin de lograr su exclusión laboral;*

*d) **Violencia contra la libertad reproductiva**: aquella que vulnere el derecho de las mujeres a decidir libre y responsablemente el número de embarazos o el intervalo entre los nacimientos, de conformidad con la Ley 25.673 de Creación del Programa Nacional de Salud Sexual y Procreación Responsable;*

*e) **Violencia obstétrica**: aquella que ejerce el personal de salud sobre el cuerpo y los procesos reproductivos de las mujeres, expresada en un trato deshumanizado, un abuso de medicalización y patologización de los procesos naturales, de conformidad con la Ley 25.929.*

*f) **Violencia mediática contra las mujeres**: aquella publicación o difusión de mensajes e imágenes estereotipados a través de cualquier medio masivo de comunicación, que de manera directa o indirecta promueva la explotación de mujeres o sus imágenes, injurie, difame, discrimine, deshonre, humille o atente contra la dignidad de las mujeres, como así también la utilización de mujeres, adolescentes y niñas en mensajes e imágenes pornográficas, legitimando la desigualdad de trato o construya patrones socioculturales reproductores de la desigualdad o generadores de violencia contra las mujeres.*

***Artículo 7°. Preceptos rectores.** Los tres poderes del Estado, sean del ámbito nacional o provincial, adoptarán las* *medidas necesarias y ratificarán en cada una de sus actuaciones el respeto irrestricto del derecho constitucional a la igualdad entre mujeres y varones. Para el cumplimiento de los fines de la presente ley deberán garantizar los siguientes preceptos rectores:*

a) La eliminación de la discriminación y las desiguales relaciones de poder sobre las mujeres;

b) La adopción de medidas tendientes a sensibilizar a la sociedad, promoviendo valores de igualdad y deslegitimación de la violencia contra las mujeres;

c) La asistencia en forma integral y oportuna de las mujeres que padecen cualquier tipo de violencia, asegurándoles el acceso gratuito, rápido, transparente y eficaz en servicios creados a tal fin, así como promover la sanción y reeducación de quienes ejercen violencia;

d) La adopción del principio de transversalidad estará presente en todas las medidas así como en la ejecución de las disposiciones normativas, articulando interinstitucionalmente y coordinando recursos presupuestarios;

e) El incentivo a la cooperación y participación de la sociedad civil, comprometiendo a entidades privadas y actores públicos no estatales;

f) El respeto del derecho a la confidencialidad y a la intimidad, prohibiéndose la reproducción para uso particular o difusión pública de la información relacionada con situaciones de violencia contra la mujer, sin autorización de quien la padece;

g) La garantía de la existencia y disponibilidad de recursos económicos que permitan el cumplimiento de los objetivos de la presente ley;

h) Todas las acciones conducentes a efectivizar los principios y derechos reconocidos por la Convención Interamericana para Prevenir, Sancionar y Erradicar la Violencia contra las Mujeres".

Establece que el Consejo Nacional de la Mujer, será el organismo rector para garantizar el logro de los objetivos de la presente ley, deberá elaborar, implementar y monitorear un Plan Nacional de Acción para la Prevención, Asistencia y Erradicación de la Violencia contra las Mujeres; también establece políticas para el Estado Nacional en los ministerios.

Es de destacar que respecto Ministerio de Educación de la Nación deberá articular en el marco del Consejo Federal de Educación la inclusión en los contenidos mínimos curriculares de la perspectiva de género.

Crea Observatorio de la Violencia contra las Mujeres en el ámbito del Consejo Nacional de la Mujer, destinado al monitoreo, recolección, producción, registro y sistematización de datos e información sobre la violencia contra las mujeres.

Trata sobre la denuncia y que las jurisdicciones locales, en el ámbito de sus competencias, dictarán sus normas de procedimiento o adherirán al régimen procesal previsto en la presente ley.

7.6.2.- Ley N° 26.130/2006. Régimen para las intervenciones de contracepción quirúrgica.

La Ley 26.130. Establece que toda persona mayor de edad tiene derecho a acceder a la realización de las prácticas denominadas "ligadura de trompas de Falopio" y "ligadura de conductos deferentes o vasectomía" en los servicios del sistema de salud. Sancionada: Agosto 9 de 2006. Promulgada: Agosto 28 de 2006.

Algunos de sus artículos:

Artículo 2º — Requisitos.

Las prácticas médicas referidas en el artículo anterior están autorizadas para toda persona mayor de edad que lo requiera formalmente, siendo requisito previo inexcusable que otorgue su consentimiento informado. No se requiere consentimiento del cónyuge o conviviente ni autorización judicial.

Para el ejercicio del derecho que otorga la presente ley, las personas tienen derecho a acceder a información objetiva, pertinente, precisa, confiable, accesible y actualizada, de conformidad con lo previsto en la ley 26.529.

(Artículo sustituido por art. 1° de la Ley N° 27.655 B.O. 24/12/2021.)

Artículo 3º.

Todas las personas con discapacidad, sin excepción, tienen derecho a brindar su consentimiento informado para acceder a intervenciones de contracepción quirúrgica, por sí mismas y en igualdad de condiciones con las demás personas, de conformidad con lo dispuesto en el artículo 2° de la presente ley. En ningún caso se requiere autorización judicial.

Las personas con discapacidad tienen derecho a recibir información sobre las prácticas reguladas en esta ley en medios y formatos accesibles y a solicitar sistemas de apoyo y ajustes razonables que les permitan consentir en forma autónoma. Deben adoptarse salvaguardas para evitar la sustitución en la toma de decisiones.

Si se tratara de persona con capacidad restringida por sentencia judicial y la misma no refiere al ejercicio del derecho que otorga la presente ley, ella debe prestar su consentimiento informado sin ningún impedimento.

Si la sentencia de restricción a la capacidad designa apoyo para el ejercicio del derecho previsto en la presente ley, el consentimiento informado debe ser prestado por la persona con discapacidad con la asistencia prevista por el sistema de apoyos del artículo 32 del Código Civil y Comercial.

(Artículo sustituido por art. 2° de la Ley N° 27.655 B.O. 24/12/2021.)

Artículo 5º — Cobertura.

Las intervenciones de contracepción quirúrgica objeto de la presente ley deben ser realizadas sin cargo para el requirente en los establecimientos del sistema público de salud.

Los agentes de salud contemplados en la Ley 23.660, las organizaciones de la seguridad social y las entidades de medicina prepaga tienen la obligación de incorporar estas intervenciones médicas a su cobertura de modo tal que resulten totalmente gratuitas para el/la beneficiario/a.

Artículo 6º — Objeción de conciencia.

Toda persona, ya sea médico/a o personal auxiliar del sistema de salud, tiene derecho a ejercer su objeción de conciencia sin consecuencia laboral alguna con respecto a las prácticas médicas enunciadas en el artículo 1º de la presente ley.

La existencia de objetores de conciencia no exime de responsabilidad, respecto de la realización de las prácticas requeridas, a las autoridades del establecimiento asistencial que corresponda, quienes están obligados a disponer los reemplazos necesarios de manera inmediata.

Artículo 7º.

Modifícase al inciso 18, del artículo 20, del capítulo I; del título II de la Ley 17.132 de régimen legal del ejercicio de la medicina, odontología y actividades auxiliares de las mismas, el que quedará redactado de la siguiente manera:

18: Practicar intervenciones que provoquen la imposibilidad de engendrar o concebir sin que medie el consentimiento informado del/ la paciente capaz y mayor de edad o una autorización judicial cuando se tratase de personas declaradas judicialmente incapaces.

*(La Ley 17.132/67 decía: Artículo 20° - Queda prohibido a los profesionales que ejerzan la medicina: y en el inciso 18°: Practicar intervenciones que provoquen esterilización sin que exista indicación terapéutica perfectamente determinada y sin haber agotado todos los recursos conservadores de los órganos reproductore*s)

Artículo 8º.

Agrégase al inciso b), del artículo 6º, de la Ley 25.673 de creación del Programa Nacional de Salud Sexual y Procreación Responsable, el siguiente texto:

Aceptándose además las prácticas denominadas ligadura de trompas de Falopio y ligadura de conductos deferentes o vasectomía, requeridas formalmente como método de planificación familiar y/o anticoncepción.

7.6.2.1.- Consideraciones sobre la Ley 26.130/2006

En el punto 6.1.6.1.- se dejó constancia que la preocupación que existe en nuestro tiempo en todo lo referente al ser, la búsqueda de lo propio masculino y femenino, o su anulación por parte de la cultura de la ideología de género.

Para llegar al éxito de la ideología de género hay que deconstruir todo lo que se opone, el lenguaje, las relaciones familiares, la reproducción sexual, la educación, la religión, la familia, la cultura, etc. en definitiva, la sociedad entera.

Respecto de la República Argentina, Peiró (2022) hace referencia a una campaña del Ministerio de Salud de la Nación Argentina y dice: "*En la página del Ministerio, amplían estas buenas noticias. Por ejemplo, se lee: "El Código Civil reconoce que desde los 16 años podes tomar de manera autónoma todas las decisiones sobre el cuidado de tu cuerpo". Una siniestra campaña es la que el Ministerio de Salud de la Nación ha lanzado a través de las redes…"A partir de los 16 años se puede acceder gratis a métodos anticonceptivos permanentes: **ligadura y vasectomía**", dice uno de los flyers de la propaganda vía Twitter…Cuesta entender qué relación hay entre el cuidado del cuerpo e intervenciones quirúrgicas como la vasectomía y la ligadura de trompas, que cancelan la función reproductiva del ser humano. Que además sea el Ministerio de Salud el que lo promueve es algo que dice mucho del furor antinatalista que inspira a las autoridades*".

7.6.3.- Anticoncepción hormonal de urgencia

Resolución del Ministerio de Salud 232/07. Anticoncepción Hormonal de Emergencia:

Artículo 1º.

Incorpórese en el punto 7 apartado 3 del Anexo I de la Resolución Nº 201/02- MS, sus ampliatorias y modificatorias, que forma parte integrante del PROGRAMA MEDICO OBLIGATORIO (PMO), la Anticoncepción Hormonal de Emergencia (AHE), como método anticonceptivo hormonal.

Art. 2º — Incorpórese en los Anexos III y IV de la Resolución Nº 201/02-MS sus ampliatorias y modificatorias, con cobertura al CIENTO POR CIENTO (100%) los siguientes principios activos, formas farmacéuticas y presentaciones que a continuación se detallan:

- G03AC03 -Levonorgestrel, Comp. 1,5 mg., envase por UN (1) comprimido.

- G03AC03 - Levonorgestrel, Comp. 0,75 mg., envase por DOS (2) comprimidos.

7.6.4.- Ley N° 26.791/2012 – Llamada "Femicidio". Modifica el Código Penal de la Nación Argentina.

Promulgada el 11 de diciembre de 2012. El Senado y Cámara de Diputados de la Nación Argentina reunidos en Congreso, etc. sancionan con fuerza de Ley:

Artículo 1° — Sustitúyanse el inciso 1º y 4° del artículo 80 del Código Penal que quedarán redactados de la siguiente forma:

Artículo 80: Se impondrá reclusión perpetua o prisión perpetua, pudiendo aplicarse lo dispuesto en el artículo 52, al que matare:

1°. A su ascendiente, descendiente, cónyuge, ex cónyuge, o a la persona con quien mantiene o ha mantenido una relación de pareja, mediare o no convivencia.

4°. Por placer, codicia, odio racial, religioso, de género o a la orientación sexual, identidad de género o su expresión.

Artículo 2° — Incorpórense como incisos 11 y 12 del artículo 80 del Código Penal los siguientes textos:

> 11. A una mujer cuando el hecho sea perpetrado por un hombre y mediare violencia de género.

> 12. Con el propósito de causar sufrimiento a una persona con la que se mantiene o ha mantenido una relación en los términos del inciso 1°.

Artículo 3° — Sustitúyese el artículo 80 in fine del Código Penal, el cual quedará redactado de la siguiente manera:

> Cuando en el caso del inciso 1° de este artículo, mediaren circunstancias extraordinarias de atenuación, el juez podrá aplicar prisión o reclusión de ocho (8) a veinticinco (25) años. Esto no será aplicable a quien anteriormente hubiera realizado actos de violencia contra la mujer víctima.

Artículo 4° — Comuníquese al Poder Ejecutivo Nacional.

González Núñez y Guzmán Bize (2020) dicen que la Ley N° 26.791/2012, llamada "Femicidio" que modifica el Código Penal de la Nación Argentina establece que, para que concurra agravante, la víctima debe ser una mujer. Pero existen dos posturas interpretativas:

Tesis Restrictiva o posición biologicista

Los partidarios de esta opinión, conciben al término "mujer" como un elemento objetivo. Sostienen que solo se encuentra comprendida como sujeto pasivo de la agravante la mujer, en sentido biológico y no la persona auto-percibida de género femenino. Sus partidarios, entienden al término mujer en su concepción biológica.

Buompadre (2016) al analizar la figura de femicidio y la ley de identidad de género, se pregunta si lo que la reforma ha previsto es un tipo de femicidio en el que la víctima solo puede ser una persona del sexo femenino, en sentido biológico, y a su vez se plantea que ocurriría cuando la persona muerta es mujer en los papeles, en sentido formal, pero en relación a sus atributos morfológicos pertenece al sexo masculino. Sostiene, el citado autor, que en este supuesto quedará descartada la figura del femicidio por cuanto la víctima no es mujer en sentido biológico sino en sentido normativo, que no es el sentido que ha tenido en cuenta el legislador para tipificar el fenómeno.

Tesis Amplia.

Bacilalupo (1994) y otros sostienen que la noción del término mujer, es un elemento normativo del tipo, por cuanto contiene una acepción que, necesariamente, obliga al intérprete a recurrir a patrones normativos externos a la ley penal.

Los partidarios de esta opinión entienden que por aplicación del principio hermenéutico de unidad del ordenamiento jurídico y debido a que en el Código Penal no encontramos una definición o alcance al término "mujer", este debe ser analizado a la luz de la *Ley de Identidad Género (N° 26.743)*, cuya entrada en vigencia fue previa a la modificación de la agravante. Esta ley consagra el derecho de toda persona al reconocimiento de su identidad de género; el derecho al libre desarrollo personal en consonancia con su propia identidad desarrollada y auto percibida y el derecho ha ser tratado e identificado conforme a ella. La ley en el artículo 2° dice:

> *"Se entiende por identidad de género a la vivencia interna e individual del género tal como cada persona la siente, la cual puede corresponder o no con el sexo asignado al momento del nacimiento, incluyendo la vivencia personal del cuerpo...".*

7.6.5.- Víctimas de homicidios dolosos según género y vínculo con presunto/a victimario/a.

Se debe tener en cuenta que la "*ideología de género*" desea excluir la diferencia entre sexos, y considerar que cada ser humano puede "*inventarse a sí mismo*" o "*percibirse a sí mismo*" desde su sentir interior y decidir si desempeña un rol social de hombre o mujer, sin tener en cuenta lo "*dado*" biológicamente.

El Ministerio de Seguridad, Secretaria de Seguridad y Política Criminal, Dirección Nacional de Estadística Criminal publicó, en marzo de 2022, el informe: "Homicidios dolosos (Sistema de Alerta Temprana – Homicidios dolosos) en la República Argentina entre el 2017 y 2020. (Bustamante y col. - 2022)

En el capítulo "Caracterización de las víctimas de homicidios dolosos", se considera las víctimas de homicidios dolosos, según sexo en la República Argentina. Años 2017 – 2020.

En la metodología de trabajo empleada por el Ministerio de Defensa aclaró:

"***Uso de las variables sexo y género***: *Durante el año 2020 se inició un proceso de adecuación de todos los instrumentos de recolección de información vinculados al SNIC-SAT, para garantizar la incorporación de la variable "Identidad de género". Estas adecuaciones fueron acompañadas por capacitaciones dirigidas al personal policial de todo el país e incluye información conceptual y operativa para garantizar la unificación de criterios. Dicha incorporación responde a la obligación de adecuar la estadística oficial a la legislación vigente (Ley Nro. 26.743).*

Esta propuesta se trabajó con el Ministerio de Justicia y Derechos Humanos, que también incorporó esta variable en sus relevamientos y sistemas de información.

Este proceso se basó en dos ejes centrales: Conservar la variable "Sexo" para no perder la comparabilidad de las series estadísticas. Incorporar la variable "Identidad de género", sin suplantar la variable sexo constituyéndose como complementaria de ésta.

Teniendo en cuenta las dificultades que presupone esta adecuación, se inició una implementación por etapas, priorizando las situaciones más urgentes vinculadas a las violencias extremas relacionadas con el género".

También dice: *"La variable género, incorporada al Sistema Nacional de Información Criminal (SNIC) y a los módulos del Sistema de Alerta Temprana (SAT) en el 2021, resulta relevante para abordar los vínculos existentes entre víctimas y presuntas/os victimarias/os".*

Víctimas de homicidios dolosos según género y vínculo con presunto/a victimario/a (valores absolutos)
República Argentina. Año 2020.

Vinculo	Mujer	Mujer Trans/ Travesti	Sin determinar	Varón	Total
Pareja o Ex pareja	164			49	213
Familiar	51			123	174
Otros no familiar	46	2		430	478
Sin relación	36	3		525	564
Sin determinar	72	3	2	910	987
Total	369	8	2	2.037	2.416

Fuente: Sistema Nacional de Información Criminal - Sistema Alerta Temprana (SNIC - SAT), Ministerio de Seguridad de la Nación.

Como comentario se dice: *"El gráfico 18 permite*

appreciar que, cuando las víctimas son mujeres[9] la relación predominante con el victimario es de pareja o ex pareja, alcanzando al 43,5% de los casos, a diferencia del 2,4% entre las víctimas varones".

Aclara: **9** En esta categoría se incluye a mujeres cis, mujeres trans y travestis.

Utiliza la palabra: Cisgénero: De cis y género, por adaptación del inglés cisgender. Cisgénero (a veces cisexual o abreviado cis) Palabra utilizada para describir a una persona cuya identidad de género y el sexo asignado al nacer son el mismo.

Se copia el Grafico 18:

"Gráfico 18. Víctimas de homicidios dolosos según género y vínculo con presunto/a victimario/a (valores absolutos y porcentajes). República Argentina. Año 2020".

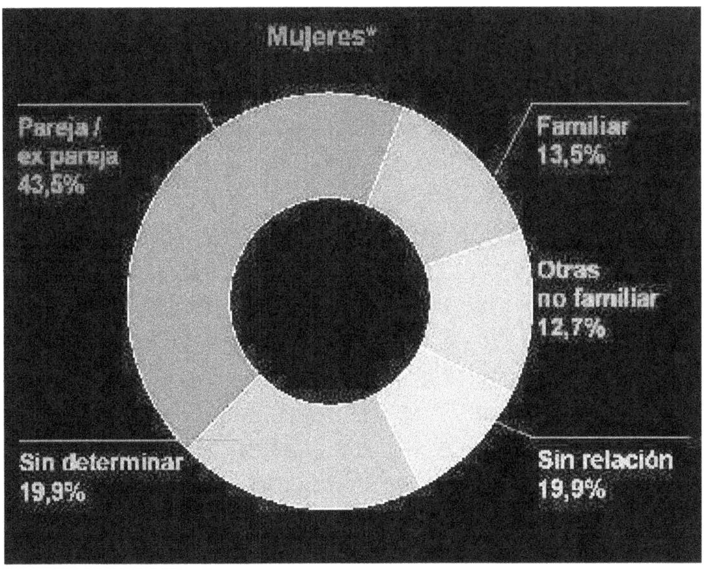

***** En esta categoría se incluye a mujeres cis, mujeres trans y travestis.

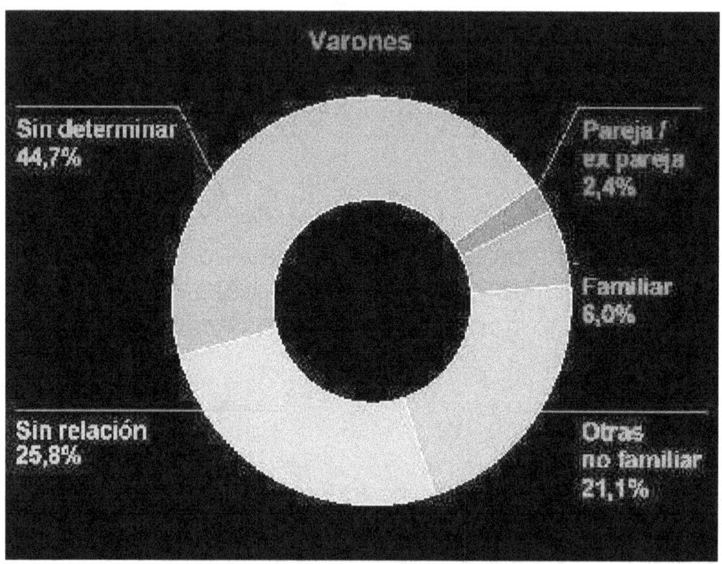

Fuente: Sistema Nacional de Información Criminal - Sistema Alerta Temprana (SNIC - SAT), Ministerio de Seguridad de la Nación.

En el trabajo se consigna que: *"La incorporación de la variable de género se acordó en la IX Reunión de Comisión Permanente del SNIC realizada en octubre de 2020 y se incluyó efectivamente en el sistema a comienzos del año 2021. Debido que durante los primeros meses de 2021 se realizó el cierre de datos de año 2020, la información sobre la identidad de género de las víctimas fue parcial para los datos de dicho año. Sin embargo, se trabajó junto a cada jurisdicción en la identificación de las víctimas mujeres trans y travestis para su correcto reporte. Respecto al vínculo víctima-victimario: Ver apartado metodológico para más detalle sobre las características de la variable "Relación víctima inculpado" y las reconstrucciones realizadas".* [80]

---

[80] Trans. Del lat. Pref. Significa al otro lado de o a través de.

Transgénero: de trans y género, por adaptación del inglés transgender. Dicho de una persona significa que no se siente identificado con su sexo anatómico.

7.6.5.1.- Comentarios al trabajo realizado por el Ministerio de Seguridad.

El comentario se centra en el capítulo "Caracterización de las víctimas de homicidios dolosos", dentro del mismo en "Victimas de homicidios dolosos según género y vínculo con presunto/a victimario/a"

Dentro del tema sobre la incorporación de mujer trans y travestis en la categoría mujer, la única explicación que se ofrece es que se acordó en la IX *Reunión de Comisión Permanente del SNIC realizada en octubre de 2020 y se incluyó efectivamente en el sistema a comienzos del año 2021.*

¿Cuáles fueron las razones científicas de tal incorporación?

No se aclara si se tuvo en consideración estudios anatómicos y funcionales de sistemas y aparatos, estudios de las neurociencias, estudios psicológicos de las funciones cognitivas, como aprendizaje, memoria y las funciones ejecutivas en personas transexuales hombre mujer y en todos los casos en presencia o ausencia de tratamiento hormonal.

Los valores consignados en los gráficos de muertes de hombres con victimaria pareja o ex pareja de 2,4% y muertes de mujeres con victimario su pareja o ex pareja de 43,5%, no se ajustan a los datos en el cuadro "Víctimas de homicidios dolosos según género y vínculo con presunto/a victimario/a".

En el cuadro, que se encuentra en el trabajo, consta:

Vinculo	Mujer	Mujer Trans/ Travesti	Sin determinar	Varón	Total
Pareja o Ex pareja	164			49	213

En porcentaje: 99530516431925

164 x100/213 = 76,99530516431925 = **77%**

Travestí. Del fr. Travesti. Persona, generalmente hombre, que se viste y caracteriza como alguien del sexo contrario.

49 x 100/ 213= 23,00469483568075 = **23%**

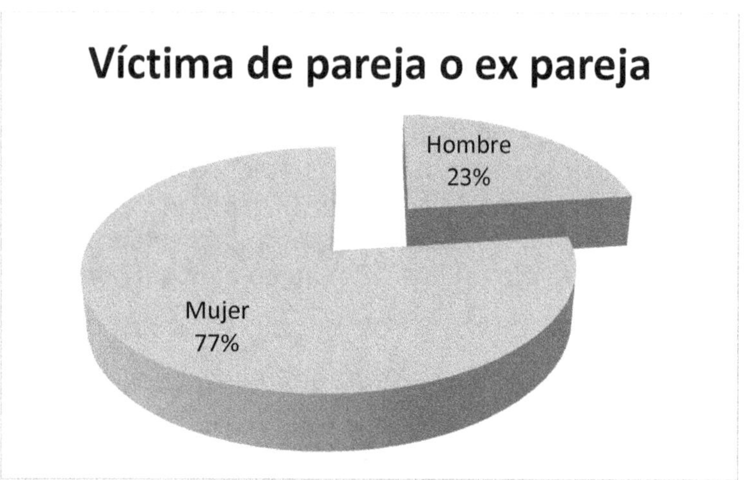

Al considerar otro país, vemos que el Poder Judicial de España informa que durante el año 2020, la violencia de género dentro de la pareja se cobró la vida de 46 mujeres (86,79%). En el mismo periodo de tiempo 7 hombres (13,21%) fueron asesinados por sus parejas o ex parejas. Comunicación Poder Judicial de España. (21 de diciembre de 2021)

De acuerdo a los datos aportados por Ministerio de Seguridad, Secretaria de Seguridad y Política Criminal, Dirección Nacional de Estadística Criminal de Argentina y los datos del Poder Judicial de España se puede afirmar que la violencia de género no un unidireccional, siendo las únicas víctimas las mujeres, sino bidireccional dado que incluye también al sexo masculino.

El sujeto pasivo puede ser una mujer y, aun cuando, en menor cantidad de víctimas, según las estadísticas descritas, es también el hombre.

Esto no es tenido en consideración cuando se legisla el agravante en razón de género, es un homicidio como cualquier otro tanto con víctima hombre o mujer. Pero, si el sujeto pasivo es una mujer en un contexto de género (fundamento) y el sujeto activo un hombre, es considerado "**una relación desigual de poder**".

Esta situación tiene dos aspectos que deben resaltarse, por un lado, se está ante una "*hiperprotección*" de la mujer con exclusión del varón, el marco de una relación heterosexual, que podría generar algún planteo de inconstitucionalidad, por vulnerar el principio de igualdad receptado por la Constitución de la Nación Argentina:

Artículo 16°:

La Nación Argentina no admite prerrogativas de sangre, ni de nacimiento: no hay en ella fueros personales ni títulos de nobleza. Todos sus habitantes son iguales ante la ley, y admisibles en los empleos sin otra condición que la idoneidad. La igualdad es la base del impuesto y de las cargas públicas.

No solo advierte un diferente tratamiento punitivo en torno de los sujetos del delito, con pena más grave cuando el sujeto pasivo es la mujer y menos grave cuando es el hombre y resulta víctima de la agresión de una mujer, sino también en el homicidio perpetrado en el ámbito de una relación homosexual hombre – hombre, mujer – mujer. (Figari - 2014)

Buompadre manifiesta: "…*parte de la doctrina entiende que existen argumentos que permitirían sentar posición a favor de la inconstitucionalidad de esa figura por quebrantamiento del principio de igualdad ante la ley, garantizado por el artículo 16° de la Constitución de la Nación Argentina por configurar además, tal y como ha sido legislado: 1) un tipo penal abierto, 2) por comprometer el principio de culpabilidad o de responsabilidad por el hecho; 3) por poner en riesgo el derecho a la presunción de inocencia, amén de resultar, abiertamente discriminatoria, en tanto, solo es tuitivo de la mujer, dejando a la intemperie el resto de los géneros omitidos: "infanticidio", "geronticidio" y "machicidio".* (Buompadre - 2016)

Se mencionó en el punto 5.1.2.- lo expresado por Mazur y McBride (2008) que consideran que el *Feminismo de Estado* produce acciones para que las activistas feministas se incorporen al estado y produzcan demandas e ingresen personas del movimiento feminista, para ocasionar acciones y efectos feministas y de diversidad en términos políticos, de impacto social o ambos.

Hablar de feminismo de Estado es poner en evidencia varios fenómenos:

1. Lugar que ocupan las feministas en el estado;
2. Leyes, políticas y servicios que promuevan la emancipación y la toma de poder por feministas;
3. Instituciones estatales abiertamente feministas.

Resulta evidente que estamos en presencia de un Estado Feminista con un brazo ejecutor el Ministerio de las Mujeres, Género y Diversidad.

Por lo tanto, se puede decir:

¿Qué pasó con el feminismo de la primera ola y su pedido de IGUALDAD?

¿Qué pasó con los ideales de Mary Wollstonecraft y Olympe de Gouges, con el feminismo que inspiró Elizabeth Cady Stanton? (Ver punto 2.1.1.- y 3.1.1.-)

Muy distinto al "Feminismo del Siglo XX y XXI", que deja de lado la igualdad y dice:

- ONU Mujeres: Plan Estratégico para 2014-2017 de ONU-Mujeres que en la introducción del informe dice: *"El año 2016 ha estado marcado por una renovada atención dedicada a la <u>igualdad de género y al empoderamiento de la mujer y las niñas en todo el mundo</u>".* [81]
- En los considerandos de la Resolución 24 del Ministerio de las Mujeres, Géneros y Diversidad de Argentina, que crea:

---

[81]

https://www.unwomen.org/sites/default/files/Headquarters/Attachments/Sections/Executive%20Board/2017/Second%20regular%20session%202017/UNW-2017-6-Strategic%20Plan-ES%20rev1.pdf

"Consejo Asesor Ad- Honorem", <u>integrado por activistas feministas, de la diversidad sexual y de las identidades de género de reconocida trayectoria</u> en alguno de los siguientes ámbitos: académicos, sindicales, movimientos sociales, organizaciones de la sociedad civil, asociaciones o Consejos de profesionales especializados". (Ver punto 7.1.3.2.-)

Todo lo mencionado llevó a Christina Hoff Sommers[82] a publicar su libro:

¿Quién nos robó el feminismo?

Sommers identifica un pequeño grupo que define como *"mujeres inteligentes que realmente están convencidas que la mujer americana se encuentra en una guerra de género"*. Considera que éste grupo muy influyente se ha separado de los ideales de la reforma racional y justa de las feministas como Betty Friedan y Germaine Greee[83]. Estás mujeres se sienten como soldados de sus teorías, y sus tácticas de guerra, que no son las mismas que las de la búsqueda de la verdad.

---

[82] Christina Marie Hoff Sommers filósofa, autora, especialista estadounidense en ética y trabajadora residente en el American Enterprise Institute. Es considerada como feminista de la equidad y critica del feminism contemporaneo.

[83] Germaine Greer (1939) académica, escritora y locutora australiana reconocida por ser una de las representantes feministas más importantes del siglo XX. Refiere que es más placentera la vida en el hogar no industrializado que la lucha por la igualdad en la vida occidental que le exige, primero, renunciar a su erotismo maternal y, segundo, someterse al hombre siendo obligada a ser sexualmente activa.

7.6.6.- Ley N° 26.743/2012. Derecho a la Identidad de género.

Promulgada el 9 de mayo de 2012. Establece en su:

Artículo 2°: *Definición.*

Se entiende por identidad de género a la vivencia interna e individual del género tal como cada persona la siente, la cual puede corresponder o no con el sexo asignado al momento del nacimiento, incluyendo la vivencia personal del cuerpo. Esto puede involucrar la modificación de la apariencia o la función corporal a través de medios farmacológicos, quirúrgicos o de otra índole, siempre que ello sea libremente escogido. También incluye otras expresiones de género, como la vestimenta, el modo de hablar y los modales.

Artículo 3°: *Ejercicio.*

Toda persona podrá solicitar la rectificación registral del sexo, y el cambio de nombre de pila e imagen, cuando no coincidan con su identidad de género autopercibida.

Artículo 11°: *Derecho al libre desarrollo personal.*

Todas las personas mayores de dieciocho (18) años de edad podrán, conforme al artículo 1° de la presente ley y a fin de garantizar el goce de su salud integral, acceder a intervenciones quirúrgicas totales y parciales y/o tratamientos integrales hormonales para adecuar su cuerpo, incluida su genitalidad, a su identidad de género autopercibida, sin necesidad de requerir autorización judicial o administrativa.

Para el acceso a los tratamientos integrales hormonales, no será necesario acreditar la voluntad en la intervención quirúrgica de reasignación genital total o parcial. En ambos casos se requerirá, únicamente, el consentimiento informado de la persona. En el caso de las personas menores de edad regirán los principios y requisitos establecidos en el artículo 5° para la obtención del consentimiento informado. Sin perjuicio de ello, para el caso de la obtención del mismo respecto de la intervención quirúrgica total o parcial se deberá contar, además, con la conformidad de la autoridad judicial competente de cada jurisdicción, quien deberá velar por los principios de capacidad progresiva e interés superior del niño o niña de acuerdo con lo estipulado por la Convención sobre los Derechos del Niño y en la Ley 26.061 de protección integral de los derechos de las niñas, niños y adolescentes. La autoridad judicial deberá expedirse en un plazo no mayor de sesenta (60) días contados a partir de la solicitud de conformidad.

Los efectores del sistema público de salud, ya sean estatales, privados o del subsistema de obras sociales, deberán garantizar en forma permanente los derechos que esta ley reconoce. Todas las prestaciones de salud contempladas en el presente artículo quedan incluidas en el Plan Médico Obligatorio, o el que lo reemplace, conforme lo reglamente la autoridad de aplicación.

Además el decreto reglamentario 903/15 del 29 de mayo del presente año establece que "las prestaciones serán incluidas en el Programa Médico Obligatorio (PMO) y asimismo, que los servicios de salud del sistema público, de la seguridad social de salud y de los sistemas privados las incorporarán a sus coberturas, garantizando en forma permanente los derechos reconocidos por la ley.

Todo lo descrito en la ley y el decreto reglamentario, requiere la preparación y adecuación de procedimientos e implicará entre otros:

- Creación y en de equipos interdisciplinarios que aborden la complejidad inherente a la sexualidad humana,
- Evaluación a mediano plazo los resultados médicos, funcionales, de sensibilidad, estéticos, psicológicos y sociales de las personas que se someten al cambio de sexo o prótesis que manifiesten a los demás la exteriorización estética de esa elección interna.
- Incorporación de tecnologías sanitarias que deberán reevaluar el proceso sanitario, el entrenamiento del personal, la conformación de grupos interdisciplinarios, la disponibilidad de prótesis y los debates éticos a los

que las nuevas concepciones de la sexualidad humana
- Contar con tratamientos secuenciales individualizados que suelen requerir tratamiento hormonal y múltiples cirugías con equipos quirúrgicos capacitados y que trabajen en forma interdisciplinaria, urólogos, ginecólogos, cirujanos estéticos, etc., para evaluar a los pacientes desde la esfera psicológica, endocrinológica, clínica, emocional.

7.6.7.- Lenguaje inclusivo. Comunicación con perspectiva de género.

Durante el gobierno del Presidente de la Nación Dr. Alberto Ángel Fernández, ocupando la Vicepresidencia de la Nación la Dra. Cristina Elizabet Fernández de Kirchner, la Jefatura de Gabinete el Licenciado Santiago Andrés Cafiero, el Ministerio de las Mujeres, Género y Diversidad, a cargo de la Ministra Abogada Elizabeth Gómez Alcorta, edita una Guía para una comunicación con perspectiva de género. (Re - Nombrar. Guía para una comunicación con perspectiva de género)

La guía comienza diciendo:

"Promover el uso del lenguaje inclusivo supone un proceso de aprendizaje y, sobre todo, de des-aprendizaje porque implica dejar atrás paradigmas que guiaron nuestras formas de nombrar e interpretar discursivamente el mundo y avanzar en otras, que nos convocan a repensar el rol que el discurso y las palabras tienen en el camino hacia la igualdad".

Continúa:

"El lenguaje es un instrumento de transmisión y construcción de sentidos comunes y, por eso, es un insumo clave para visibilizar identidades y reconocer derechos de grupos históricamente discriminados y negados. El modo en que hacemos uso del lenguaje no es nunca neutral en relación a los géneros e identidades; siempre está cargado de sentidos e ideología... En definitiva, y como cualquier otro proceso de

transformación cultural, existen tensiones que deben saldarse con un fuerte compromiso por parte de quienes creemos que promover el uso del lenguaje inclusivo implica advertir que la invisibilización de las mujeres y LGBTI+ en el discurso es un poderoso modo de opresión y reproducción de la desigualdad".

Luego trata de:

- ¿Por qué promover una guía sobre el uso del lenguaje inclusivo?
- El Estado y la comunicación: mandato político y obligaciones normativas.
- El discurso con enfoque de género y derechos humanos.
- El Lenguaje de Género según el tipo de comunicación.

7.6.8.- Ley N° 26.618/10. Matrimonio Civil. "Matrimonio Igualitario".

Promulgada el 21 de julio de 2010. Conocida como Ley del Matrimonio Igualitario.

Establece la incorporación en el Código Civil en el artículo 172°:

"El matrimonio tendrá los mismos requisitos y efectos, con independencia de que los contrayentes sean del mismo o diferente sexo".

7.6.9.- Ley N° 27.499/19. Capacitación sobre género y violencia.

Ley llamada "Micaela".

La Cámara de Diputados de la República Argentina, publica el "INFORME LEY "MICAELA" (N° 27.499) De la sanción a la implementación en la HCDN - Año 2019" (https://www4.hcdn. gob.ar/archivos/genero/archivos/informe_ley_micaela.pdf) y dice:

"En el presente informe damos a conocer y reflexionamos

sobre el modo en el cual la HCDN se propuso dar cumplimiento a la Ley Nº 27.499 que tiene como objetivo la capacitación obligatoria en la temática de género y violencia contra las mujeres y personas LGTBI+ para todas las personas que se desempeñen en la función pública en todos sus niveles y jerarquías (Artículo 1º Ley Nº 27.499). Para dar cuenta de ello, lo primero que hacemos es recuperar la biografía de Micaela García, una joven entrerriana, militante política, que fue víctima de femicidio en abril de 2017. A partir de su historia, nos propusimos pensar en las mujeres y personas LGTBI+ víctimas de violencia, femicidio y travesti/transfemicidio en nuestro país, con el mandato de sensibilizarnos e informarnos sobre la perspectiva de género y la violencia acontecida en razón del género. Lo debemos hacer como personas trabajadoras del Poder Legislativo, que contribuimos al proceso de hacer y monitorear las leyes como tarea principal, entre otras.)

Promulgada el 10 de enero de 2019, que en su:

Artículo 1°:

Establécese la capacitación obligatoria en la temática de género y violencia contra las mujeres para todas las personas que se desempeñen en la función pública en todos su niveles y jerarquías en los poderes Ejecutivo, Legislativo y Judicial de la Nación.

7.6.10.- Ley N° 27.610/20. Acceso a la interrupción voluntaria del embarazo.

Sancionada el 30-12-2020. Promulgada el 14-01-2021. Llamada "***Ley del Aborto Legal, Seguro y Gratuito***".

Se consignan algunos de sus artículos:

Artículo 2º — Derechos.

Las mujeres y personas con otras identidades de género con capacidad de gestar tienen derecho a:

a. Decidir la interrupción del embarazo de conformidad con lo establecido en la presente ley;

b. Requerir y acceder a la atención de la interrupción del embarazo en los servicios del sistema de salud, de conformidad con lo establecido en la presente ley;

c. Requerir y recibir atención postaborto en los servicios del sistema de salud, sin perjuicio de que la decisión de abortar hubiera sido contraria a los casos legalmente habilitados de conformidad con la presente ley;

d. Prevenir los embarazos no intencionales mediante el acceso a información, educación sexual integral y a métodos anticonceptivos eficaces.

Artículo 4º — Interrupción voluntaria del embarazo.

Las mujeres y personas con otras identidades de género con capacidad de gestar tienen derecho a decidir y acceder a la interrupción de su embarazo hasta la semana catorce (14) inclusive, del proceso gestacional.

Fuera del plazo dispuesto en el párrafo anterior, la persona gestante tiene derecho a decidir y acceder a la interrupción de su embarazo solo en las siguientes situaciones:

a. Si el embarazo fuere resultado de una violación, con el requerimiento y la declaración jurada pertinente de la persona gestante, ante el personal de salud interviniente. En los casos de niñas menores de trece (13) años de edad, la declaración jurada no será requerida.

b. Si estuviere en peligro la vida o la salud de la persona gestante

Artículo 5º — Derechos en la atención de salud

Toda persona gestante tiene derecho a acceder a la interrupción de su embarazo en los servicios del sistema de salud o con su asistencia, en un plazo máximo de diez (10) días corridos desde su requerimiento y en las condiciones que se establecen en la presente ley y en las leyes 26.485, 26.529 y concordantes.

El personal de salud debe garantizar las siguientes condiciones mínimas y derechos en la atención del aborto y postaborto:

a) Trato digno. El personal de salud debe observar un trato digno, respetando las convicciones personales y morales de la paciente, para erradicar prácticas que perpetúan el ejercicio de violencia contra las mujeres y personas con otras identidades de género con capacidad de gestar;

b) Privacidad. Toda actividad médico-asistencial tendiente a obtener y transmitir información y documentación clínica de la paciente debe garantizar la construcción y preservación de un ambiente de confianza entre el personal de salud y las personas que solicitan la atención, y observar el estricto respeto por su intimidad, dignidad humana y autonomía de la voluntad, así como el debido resguardo de la confidencialidad; solo se compartirá información o se incluirá a su familia o a su acompañante con su expresa autorización, conforme las previsiones del artículo 8º de la presente ley.

Asimismo, deberá protegerse a la paciente de injerencias ilegítimas por parte de terceros.

En los casos de violación cuyas víctimas fueran niñas o adolescentes, el deber de comunicar la vulneración de derechos previsto en el artículo 30 de la ley 26.061 y el deber de formular denuncia penal establecido en el artículo 24, inciso e), de la ley 26.485 en el marco de lo dispuesto por el artículo 72 del Código Penal, deberán cumplirse respetando el derecho a la privacidad y confidencialidad de niñas y adolescentes, su capacidad progresiva e interés superior de conformidad con la Convención de los Derechos del Niño, la ley 26.061 y el artículo 26 del Código Civil y Comercial, y no deberán obstruir ni dilatar el acceso a los derechos establecidos en la presente ley;

c) Confidencialidad. El personal de salud debe crear las condiciones para el resguardo de la confidencialidad y el secreto médico durante todo el proceso de atención y también con posterioridad. Debe informar durante la consulta que la confidencialidad está garantizada y resulta alcanzada por el secreto médico.

La paciente tiene derecho a que toda persona que participe en la elaboración o manejo de la documentación clínica, o bien tenga acceso al contenido de la misma, deba respetar el derecho a la confidencialidad, salvo expresa autorización escrita de la propia paciente;

d) Autonomía de la voluntad. El personal de salud debe respetar las decisiones de las pacientes respecto al ejercicio de sus derechos reproductivos, las alternativas de tratamiento y su futura salud sexual y reproductiva. Las decisiones de la paciente no deben ser sometidas a juicios derivados de consideraciones personales, religiosas o axiológicas por parte del personal de salud, debiendo prevalecer su libre y autónoma voluntad;

e) Acceso a la información. El personal de salud debe mantener una escucha activa y respetuosa de las pacientes para expresar libremente sus necesidades y preferencias. La paciente tiene derecho a recibir la información sobre su salud;

Sobre los distintos métodos de interrupción del embarazo, los alcances y consecuencias de la práctica. Dicha información debe ser actualizada, comprensible, veraz y brindada en lenguaje y con formatos accesibles.

El personal de salud y las autoridades públicas tienen la obligación de suministrar el conocimiento disponible sobre los derechos protegidos por la presente ley de forma dinámica y a lo largo de todo el proceso de atención, incluso si no hay una solicitud explícita;

f) Calidad. El personal de salud debe respetar y garantizar el tratamiento del aborto conforme los alcances y la definición de la Organización Mundial de la Salud. La atención será brindada siguiendo los estándares de calidad, accesibilidad, competencia técnica, rango de opciones disponibles e información científica actualizada.

Artículo 6º — Información y tratamiento del aborto y de la salud sexual y reproductiva.

Realizada la solicitud de interrupción voluntaria del embarazo de conformidad con el artículo 4°, el establecimiento de salud pondrá a disposición de las personas gestantes que así lo requieran, en el marco del Programa Nacional de Salud Sexual y Procreación Responsable, Ley N° 25.673, lo siguiente:

a) Información sobre el procedimiento que se llevará a cabo y los cuidados posteriores necesarios, siguiendo los criterios del artículo anterior.

b) Atención integral de su salud a lo largo de todo el proceso.

c) Acompañamiento en el cuidado de la salud e información adecuada y accesible a las necesidades de cada persona, científica, actualizada sobre los distintos métodos anticonceptivos disponibles, así como la provisión de los métodos anticonceptivos previstos en el Programa Médico Obligatorio (PMO) y en la Ley N° 25.673 o la normativa que en el futuro la reemplace.

Estos servicios no son obligatorios para la paciente ni condición para la realización de la práctica.

Artículo 8º — Personas menores de edad.

En el marco de lo establecido en la Convención sobre los Derechos del Niño, la Ley N° 26.061, el artículo 7 del Anexo I del Decreto N° 415/06, el artículo 26 del Código Civil y Comercial de la Nación y la Resolución N° 65/15 del Ministerio de Salud de la Nación, la solicitud de la interrupción voluntaria del embarazo deberá ser efectuada de la siguiente manera:

a) Las personas mayores de dieciséis (16) años de edad tienen plena capacidad por sí para prestar su consentimiento a fin de ejercer los derechos que otorga la presente ley.

b) En los casos de personas menores de dieciséis (16) años de edad, se requerirá su consentimiento informado en los términos del artículo anterior y se procederá conforme lo dispuesto en el artículo 26 del Código Civil y Comercial y la Resolución N° 65/15 del Ministerio de Salud de la Nación en concordancia con la Convención de los Derechos del Niño, la Ley N° 26.061, el artículo 7 del anexo I del Decreto reglamentario N 415/06 y el Decreto Reglamentario 1282/03 de la ley 25673.

Artículo 9º — Personas con capacidad restringida.

Si se tratare de una persona con capacidad restringida por sentencia judicial y la restricción no tuviere relación con el ejercicio de los derechos que otorga la presente ley, podrá prestar su consentimiento informado sin ningún impedimento ni necesidad de autorización previa alguna y, si lo deseare, con la asistencia del sistema de apoyo previsto en el artículo 43 del Código Civil y Comercial de la Nación.

Las personas que actúan como sistema de apoyo no representan ni sustituyen a la persona con discapacidad en el ejercicio de sus derechos y, por tanto, es necesario que el diseño del sistema de apoyo incorpore salvaguardas adecuadas para que no existan abusos y las decisiones sean tomadas por la titular del derecho.

Si la sentencia judicial de restricción a la capacidad impide prestar el consentimiento para el ejercicio de los derechos previstos en la presente ley, o la persona ha sido declarada incapaz judicialmente, deberá prestar su consentimiento con la asistencia de su representante legal o, a falta o ausencia de este o esta, la de una persona allegada, en los términos del artículo 59 del Código Civil y Comercial de la Nación.

Artículo 11.- Objeción de conciencia. Obligaciones de los establecimientos de salud.

Aquellos efectores de salud del subsector privado o de la seguridad social que no cuenten con profesionales para realizar la interrupción del embarazo a causa del ejercicio del derecho de objeción de conciencia de conformidad con el artículo anterior, deberán prever y disponer la derivación a un efector que realice efectivamente la prestación y que sea de similares características al que la persona solicitante de la prestación consultó. En todos los casos se debe garantizar la realización de la práctica conforme a las previsiones de la presente ley. Las gestiones y costos asociados a la derivación y el traslado de la paciente quedarán a cargo del efector que realice la derivación. Todas las derivaciones contempladas en este artículo deberán facturarse de acuerdo con la cobertura a favor del efector que realice la práctica.

Artículo 12.- Cobertura y calidad de las prestaciones.

El sector público de la salud, las obras sociales enmarcadas en la Ley N° 23.660 y en la Ley N° 23.661, el Instituto Nacional de Servicios Sociales para Jubilados y Pensionados creado por la Ley N° 19.032, las entidades y agentes de salud comprendidas en la Ley N° 26.682 de marco regulatorio de medicina prepaga, las entidades que brinden atención dentro de la reglamentación del Decreto N° 1993/11, las obras sociales de las Fuerzas Armadas y de Seguridad, las obras sociales del Poder Legislativo y Judicial y las comprendidas en la Ley N° 24.741 de Obras Sociales Universitarias y todos aquellos agentes y organizaciones que brinden servicios médico-asistenciales a las personas afiliadas o beneficiarias, independientemente de la figura jurídica que posean, deben incorporar la cobertura integral y gratuita de la interrupción voluntaria del embarazo prevista en la presente ley en todas las formas que la Organización Mundial de la Salud recomienda. Estas prestaciones quedan incluidas en el Programa Nacional de Garantía de Calidad de la Atención Médica y en el PMO con cobertura total, junto con las prestaciones de diagnóstico, medicamentos y terapias de apoyo

Artículo 13 — Educación sexual integral y salud sexual y reproductiva.

El Estado Nacional, las Provincias, la Ciudad Autónoma de Buenos Aires y los Municipios tienen la responsabilidad de implementar la Ley N° 26.150 de Educación Sexual Integral, estableciendo políticas activas para la promoción y el fortalecimiento de la salud sexual y reproductiva de toda la población.

Estas políticas deberán estar enmarcadas en los objetivos y alcances establecidos en las Leyes Nros. 23.798, 25.673, 26.061, 26.075, 26.130, 26.150, 26.206, 26.485, 26.743 y 27.499, además de las leyes ya citadas en la presente ley. Deberán, además, capacitar sobre perspectiva de género y diversidad sexual a los y las docentes y a los y las profesionales y demás trabajadores y trabajadoras de la salud, a fin de brindar atención, contención y seguimiento adecuados a quienes soliciten realizar una interrupción voluntaria del embarazo en los términos de la presente ley, así como a los funcionarios públicos y las funcionarias públicas que actúen en dichos procesos.

Artículo 14 — Modificación del Código Penal. Sustitúyese el artículo 85 del Código Penal de la Nación, por el siguiente:

Artículo 85. - El o la que causare un aborto será reprimido:

1. Con prisión de tres (3) a diez (10) años, si obrare sin consentimiento de la persona gestante. Esta pena podrá elevarse hasta quince (15) años si el hecho fuere seguido de la muerte de la persona gestante.
2. Con prisión de tres (3) meses a un (1) año, si obrare con consentimiento de la persona gestante, luego de la semana catorce (14) de gestación y siempre que no mediaren los supuestos previstos en el artículo 86.

Artículo 15 — Incorporación del artículo 85 bis al Código Penal.

Incorpórase como artículo 85 bis del Código Penal de la Nación, el siguiente:

Artículo 85 bis. Será reprimido o reprimida con prisión de tres (3) meses a un (1) año e inhabilitación especial por el doble del tiempo de la condena, el funcionario público o la funcionaria pública o la autoridad del establecimiento de salud, profesional, efector o personal de salud que dilatare injustificadamente, obstaculizare o se negare, en contravención de la normativa vigente, a practicar un aborto en los casos legalmente autorizados.

Artículo 16 — Sustitución del artículo 86 del Código

Penal.

Sustitúyese el artículo 86 del Código Penal de la Nación, por el siguiente:

Artículo 86.- No es delito el aborto realizado con consentimiento de la persona gestante hasta la semana catorce (14) inclusive del proceso gestacional.

Fuera del plazo establecido en el párrafo anterior, no será punible el aborto practicado con el consentimiento de la persona gestante:

1. Si el embarazo fuere producto de una violación. En este caso, se debe garantizar la práctica con el requerimiento y la declaración jurada de la persona gestante ante el o la profesional o personal de salud interviniente. En los casos de niñas menores de trece (13) años de edad, la declaración jurada no será requerida.

2. Si estuviera en riesgo la vida o la salud de la persona gestante."

Artículo 17 — Sustitución del artículo 87 del Código Penal.

Sustitúyese el artículo 87 del Código Penal de la Nación, por el siguiente:

Artículo 87.- Será reprimido o reprimida con prisión de seis (6) meses a tres (3) años, el o la que con violencia causare un aborto sin haber tenido el propósito de causarlo, si el estado del embarazo de la persona gestante fuere notorio o le constare.

Artículo 18 — Sustitución del artículo 88 del Código Penal.

Sustitúyese el

artículo 88 del Código Penal de la Nación, por el siguiente:

Artículo 88.- Será reprimida con prisión de tres (3) meses a un (1) año, la persona gestante que, luego de la semana catorce (14) de gestación y siempre que no mediaren los supuestos previstos en el artículo 86, causare su propio aborto o consintiera que otro se lo causare. Podrá eximirse la pena cuando las circunstancias hicieren excusable la conducta.

La tentativa de la persona gestante no es punible.

7.6.10.1.- Consideraciones sobre la Ley 27.610/2020.

Lafferriere (2021) hace una valoración de conjunto, las principales objeciones que merece la ley 27.610 y dice:

- Viola el derecho a la vida de las personas por nacer al permitir que sean eliminadas.

- Discrimina entre personas por nacer según sean deseadas o indeseadas, de modo que, de sancionarse la norma, habría tres momentos en que comenzaría la protección jurídica de la persona: la concepción, el final de la semana 14 del embarazo o el nacimiento, según sea la decisión de la madre.

- Legaliza el aborto prácticamente hasta el fin del embarazo por la amplitud de las causales de aborto no punibles luego de la semana 14 y por la reforma del art. 88 del Código Penal para excusar a la mujer que se practique su propio aborto.

- Obliga a los profesionales de la salud a ejercer la profesión bajo amenaza de considerar su conducta como "violencia contra la mujer" (art. 5) y de sanciones penales si se negaren, obstaculizaren o dilataren injustificadamente un aborto (art. 15 que incorpora el art. 85 bis al Código Penal).

- Condiciona la libertad de acción de los profesionales de la salud al amenazarlos con sanciones y obligarlos a suministrar la información sobre el pretendido derecho al aborto "incluso si no hay una solicitud explícita" (art. 5.e), a no dar "información inadecuada" (art. 5.e) y a no dar consideraciones personales o axiológicas (art. 5.d).

- Promueve el aborto a través de un recorte de la información que se ofrecerá a la madre y sin ofrecer alternativas reales.

- Desconoce los derechos y deberes de los padres en relación con sus hijos al regular el consentimiento informado y permite que la niña vaya a requerir el aborto sin conocimiento de los padres. La regulación imprecisa del consentimiento informado remite a unas normas difusas sobre si debe la persona menor de edad ir acompañada y en su caso por quién. Ello conducirá a una incertidumbre para el ejercicio de los profesionales de la salud, que no sabrán cómo proceder ante el requerimiento de aborto por parte de una persona menor de edad y la disparidad de criterios sobre cuándo y quién debe concurrir acompañándola.

- Genera las condiciones jurídicas para que se expanda el aborto sistemático de personas con discapacidad, tal como ha ocurrido en otros países que han legalizado el aborto sin expresión de causales durante las primeras 14 semanas, por la disponibilidad y difusión de los estudios prenatales, cada vez más precisos, no invasivos, rápidos y tempranos.

- Restringe seriamente la objeción de conciencia individual al establecer que solo puede ser ejercida por el profesional de la salud que interviene "de manera directa" en el aborto, y obligándolo a derivar a la paciente.

- Regula confusamente los derechos de las instituciones que en razón de su ideario, estatutos o normas fundamentales no pueden realizar abortos (la llamada "objeción de conciencia institucional").

- Excluye al padre del niño por nacer y dispone que "solo se compartirá información o se incluirá a su familia o a su acompañante con su expresa autorización, conforme las previsiones del artículo 8º de la presente ley" (art. 5.b).

- Impone la ideología de género en la capacitación docente y del personal de salud, violentando las libertades educativas fundamentales.

Lo más importante de destacar es que viola el derecho a la vida de las personas por nacer, al permitir que sean eliminadas.

Peiró (27-11-22) refiriéndose al Ministerio de Salud de la Nación relata que *"El antinatalismo es el único "éxito" de esta gestión: 250 mil nacimientos menos por año en Argentina. Además es política de Estado; no hay grieta en la convicción de que es un logro que nazcan menos niños. No conformes con lo hecho, ahora lanzan la Guía de Anticoncepción Inmediata Posevento Obstétrico".* Agrega que: *"Siguió su raid antinatalista con una disertación en un panel organizado por la IPPF (Planned Parentwood) y Amnesty International, en el cual dio las cifras de abortos realizados en el sistema público el año pasado (73.487) y en lo que va del actual (más de 34 mil), se jactó de la floreciente industria nacional de misoprostol y hasta destacó que un laboratorio local está avanzando en la producción pública de mifepristone para el 2023, con el objetivo de exportar".*

7.6.11.- Ley N° 27.636/21. Cupo para personas travestis, transexuales y transgénero.

Promoción del acceso al empleo formal de personas travestis, transexuales y transgénero, "Diana Sacayán – Lohana Barkins,

Promulgada el 24 de junio de 2021. Dice en su:

Artículo 3°: *Definició*n.

A los fines de la presente ley, y de conformidad con lo establecido en el artículo 2° de la ley 26.743, entiéndese por personas travestis, transexuales y transgénero a todas aquellas que se auto perciben con una identidad de género que no se corresponde con el sexo signado al nacer.

Artículo 5°: *Inclusión laboral en el Estado Nacional. Cupo.*

El Estado nacional, comprendiendo los tres poderes que lo integran, los Ministerios Públicos, los organismos descentralizados o autárquicos, los entes públicos no estatales, las empresas y sociedades del Estado, debe ocupar en una proporción no inferior al uno por ciento (1%) de la totalidad de su personal con personas travestis, transexuales y transgénero, en todas las modalidades de contratación regular vigentes.

A los fines de garantizar el cumplimiento del cupo previsto en el párrafo anterior, los organismos públicos deben establecer reservas de puestos de trabajo a ser ocupados exclusivamente por personas travestis, transexuales o transgénero. Deben, asimismo, reservar las vacantes que se produzcan en los puestos correspondientes a los agentes que hayan ingresado bajo el régimen de la presente ley para ser ocupadas en su totalidad por personas travestis, transexuales y transgénero. El cumplimiento de lo previsto en la presente ley en ningún caso debe implicar el cese de las relaciones laborales existentes al momento de su sanción.

Artículo 6°: *Terminalidad educativa y capacitación.*

A los efectos de garantizar la igualdad real de oportunidades, el requisito de terminalidad educativa no puede resultar un obstáculo para el ingreso y permanencia en el empleo en los términos de la presente ley. Si las personas aspirantes a los puestos de trabajo no completaron su educación, en los términos del artículo 16 de la ley 26.206, de Educación Nacional, se permitirá su ingreso con la condición de cursar el o los niveles educativos requeridos y finalizarlos. En estos casos, la autoridad de aplicación debe arbitrar los medios para garantizar la formación educativa obligatoria y la capacitación de las personas travestis, transexuales y transgénero con el fin de adecuar su situación a los requisitos formales para el puesto de trabajo en cuestión.

Capítulo 8.

8.1.- En el siglo XXI no existe el patriarcado.

Desde el inicio de la historia se viene sosteniendo el sometimiento femenino, se impulsa con el movimiento sufragista y antiesclavista y en el siglo XX.

Así en 1949 la obra de Simone de Beauvoir, que como ella misma manifestara, hasta que emprendió la redacción de su libro "*El segundo sexo*" no había sido consciente de haber sufrido discriminación alguna por el hecho de ser una mujer. En la obra trata del sometimiento histórico de las mujeres, afirma que ser mujer, nada tiene que ver con la biología, sino con una construcción cultural y social sobre el sexo, que afecta por igual a lo femenino y a lo masculino, de ahí su apotegma que consigna en "*El segundo sexo*": "*No se nace mujer, se llega a serlo*". Con tal afirmación anuncia, sin mencionarlo, el concepto de género.

Otra autora feminista Kate Millett decía en su teoría de las relaciones sociales, lo que para ella es el patriarcado: "*si consideramos el gobierno patriarcal como institución en virtud de la cual una mitad de la población (es decir, las mujeres) se encuentra bajo el control de la otra mitad (los hombres) descubrimos que el patriarcado se apoya sobre dos principios fundamentales: el macho ha de dominar a la hembra, y el macho de más edad ha de dominar al más joven"*. (Millett - 2010)

Se habla de patriarcado cuando en una organización social son los hombres quienes ejercen la autoridad, mientras las mujeres se encuentran subordinadas. Esto se manifiesta no solo en las leyes, sino en las ideas, costumbres y prácticas sociales. (Ver punto 4.3.)

En la actualidad no se puede sostener con seriedad y con base en información demostrable, que el patriarcado exista en mundo occidental y mucho menos en la República Argentina, bastan unos ejemplos para demostrar su inexistencia:

- **La Organización de Naciones Unidas**[84] se dedica a divulgar y ayudar económicamente en los estados asociados y a organizaciones civiles *"la igualdad de género y al empoderamiento de la mujer y las niñas en todo el mundo"*. Y dice: *"La Entidad aumentó sus ingresos en comparación con los niveles de 2015, llegando a los 327 millones de dólares"*. Refiere datos sobre sus Fondos fiduciarios ONU Mujeres. Estamos en presencia de una organización internacional que actúa influenciando o sugiriendo conductas a los estados naciones. Así se puede comprobar que el 25 de junio 2021, Víctor Madrigal-Borloz [85] experto independiente sobre orientación sexual e identidad de género de Naciones Unidas, nombrado por

---

[84] Ver punto 7.3.- y 7.3.1.-

[85] https://news.un.org/es/story/2021/06/1493722#:~:text=Imprimir%20Correo%20electr%C3%B3nico-,Los%20Estados%20deben%20reconocer%20legalmente%20la%20iden tidad,de%20las%20personas%2C%20dice%20experto&text=Las%20per sonas%20no%20binarias%20sufren,basadas%20en%20la%20orientaci %C3%B3n%20sexual.

Consejo de Derechos Humanos de la ONU, le informa su alarma por el aumento de la persecución de personas trans y de género no binario en algunos países "*en un momento en el que se cuestiona el concepto mismo de género*".

Dijo: "*Es más importante que nunca que los Estados creen un entorno seguro para quienes no se ajustan a las normas de género de la sociedad*", "Los Estados deben hacer más para brindar el reconocimiento legal de la identidad de género", "*La identidad de género de los menores de edad también debe ser respetada por la ley*".

Acotó: "*los Estados deben defender los derechos relacionados con el género y la sexualidad como universales e inalienables, y garantizar el reconocimiento del derecho a la integridad física y mental, la autonomía y la autodeterminación de todos*".

- **España crea el Instituto de las Mujeres**[86] con el fin de *promover y fomentar las condiciones que posibiliten la igualdad social de ambos sexos y la participación de las mujeres en la vida política, cultural, económica y social*. El Ministerio de Igualdad; Secretaria de Estado de Igualdad y Contra la Violencia de Género; Instituto de las Mujeres en la Memoria Económica Plan Estratégico para la igualdad efectiva de mujeres y hombres 2022-2025, establece que el presupuesto para todo el período de duración asciende a 20.318.545.544 euros

- **En la República Argentina se crea el Ministerio de las Mujeres, Género y Diversidad**[87] y en su ámbito un Consejo Asesor: "*integrado por activistas feministas, de la diversidad sexual y de las identidades de género de reconocida trayectoria en alguno de los siguientes ámbitos: académicos, sindicales, movimientos sociales, organizaciones de la sociedad civil, asociaciones o Consejos de profesionales especializados*". Con un Presupuesto 2021 el primer Presupuesto con Perspectiva de Género y Diversidad, de $Arg. 6.205 Millones.

---

[86] Ver punto 7.4.-

[87] Ver punto 7.5.-; 7.5.1.- y 7.5.2.-

- **Acciones del Estado Feminista en Argentina se promulgan leyes con relación a la ideología de género.**
  - ➤ Ley de protección integral a las mujeres. N° 26.485/2009.[88]
  - ➤ Ley N° 26.130/2006. Régimen para las intervenciones de contracepción quirúrgica.[89]
  - ➤ Anticoncepción hormonal de urgencia. Resolución del Ministerio de Salud 232/07.[90]
  - ➤ Ley N° 26.791/2012 – Llamada "Femicidio". Modifica el Código Penal de la Nación Argentina.[91]
  - ➤ Víctimas de homicidios dolosos según género y vínculo con presunto/a victimario/a.[92]
  - ➤ Ley N° 26.743/2012. Derecho a la Identidad de género.[93]
  - ➤ Lenguaje inclusivo. Comunicación con perspectiva de género.[94]
  - ➤ Ley N° 26.618/10. Matrimonio Civil. "Matrimonio Igualitario".[95]
  - ➤ Ley N° 27.499/19. Capacitación sobre género y violencia. Ley Micaela.[96]
  - ➤ Ley N° 27.610/20. Acceso a la interrupción voluntaria del embarazo. Llamada "*Ley del Aborto Legal, Seguro y Gratuito*".[97]
  - ➤ Ley N° 27.636/21. Cupo para personas travestis,

---

[88] Ver punto 7.6.- y 7.6.1.-

[89] Ver punto 7.6.2.-

[90] Ver punto 7.6.3.-

[91] Ver punto 7.6.4.-

[92] Ver punto 7.6.5.- y 7.6.5.1.-

[93] Ver punto 7.6.6.-

[94] Ver punto 7.6.7.-, 6.1.7.- 6.1.7.1.- al 6.1.7.3.-

[95] Ver punto 7.6.8.-

[96] Ver punto 7.6.9.-

[97] Ver punto 7.6.10.- y 7.6.10.1.-

transexuales y transgénero. [98]

> Identidad de Género en la República Argentina. Ministerio de las Mujeres, Género y Diversidad edita una Guía para una comunicación con perspectiva de género y dice: "*...uso del lenguaje inclusivo implica advertir que la invisibilización de las mujeres y LGBTI+ en el discurso es un poderoso modo de opresión y reproducción de la desigualdad*".[99]

> Educación en la actualidad. En general, el número de estudiantes universitarias en todo el mundo ha superado al de los hombres desde 2002. [100]

> Trabajo en la actualidad. La tasa de participación de las mujeres de 15 años o más en 18 países de la región aumentó y pasó del 41% a principios de los noventa a cerca del 52% en promedio en 2018. [101]

> Ley 27.412/2017 de Paridad de Género en Ámbitos de Representación Política, Cupos, es una legislación argentina que establece que las listas de candidatos al Congreso de la Nación (diputados y senadores) y al Parlamento del Mercosur deben ser realizadas "*ubicando de manera intercalada a mujeres y varones desde el/la primer/a candidato/a titular hasta el/la último/a candidato/a suplente*". [102]

> Apoyo a la ideología de género. [103]

> **Edad jubilatoria** más temprana para las mujeres. [104]

Agustín Laje (2017) aporta más datos al tema, diciendo que a nivel mundial el 79% de los homicidios son hombres, en las guerras históricamente, el más perjudicado ha sido siempre el

---

[98] Ver punto 7.6.11.-

[99] Ver punto 7.6.7.-

[100] Ver punto 6.1.2.-

[101] Ver punto 6.1.3.-

[102] Ver punto 6.1.4.-

[103] Ver punto 6.1.6.- y 6.1.6.1-

[104] Ver punto 6.1.5.-

hombre. En una de las más recientes, la de Irak, las bajas correspondientes a Estados Unidos fueron un 97,68% hombres.

Agrega que a nivel mundial, la esperanza de vida de una mujer es 5 años mayor que la de un hombre. En un análisis entre países, podemos advertir asimismo que la mujer vive más donde la economía es más libre (Organización Mundial de la Salud). Un dato curioso complementario: también a nivel mundial, hay tres veces más suicidios en hombres que en mujeres (Organización Mundial de la Salud)

Respecto de las tasas de accidentes laborales en Argentina la Superintendencia de Riesgos del Trabajo informó que en 2014 el 81% de los perjudicados por "Accidentes de Trabajo y Enfermedades Profesionales" eran hombres, en comparación con un 19% mujeres.

A nivel mundial, casi un 40% de la población activa actual son mujeres según el Banco Mundial. En los países económicamente más libres, otra vez, la tasa es mayor.

En Estados Unidos, en 1870, sólo un 14% de las estadounidenses en edad laboral trabajaban fuera de la casa. Pero hacia 1940, el número ya se había duplicado y en 1970, aproximadamente el 43% de las mujeres de Estados Unidos con edad superior a los dieciséis años tenía un trabajo asalariado. En 1996, eran casi el 60% las que trabajaban. En 2014, según datos del Banco Mundial, un 46% de la mano de obra norteamericana estaba formada por mujeres. La revista Fortune, consigna que hoy las mujeres son propietarias del 65% de todos los bienes de Estados Unidos.

Laje también menciona que. "probablemente se nos diga, empero, que *si bien la mujer se incorporó al mundo laboral, el patriarcado se expresa pagándoles menos salarios a éstas en comparación a los hombres". Es la falacia de la "brecha salarial", que ha sido destruida por la feminista (disidente) Christina Hoff Sommers. En una palabra, el origen de la falacia tiene que ver con comparar hombres y mujeres haciendo diferentes trabajos; cuando se los compara en un mismo trabajo y misma cantidad de horas, no hay desigualdad (conforme a la lógica de mercado ya expuesta). Pero los análisis feministas no tienen en consideración cuestiones tan importantes como profesiones elegidas, tipos de trabajo y cantidad de horas laboradas por mes*". (Laje - 2017)

Después de todo lo mencionado es posible que las feministas sigan diciendo que el patriarcado es un sistema donde el hombre es el opresor y la mujer está subordinada a él.

Se debe concluir que el feminismo internacional y nacionales se victimizan para producir acciones políticas incorporándose a la Organización de Naciones Unidas y a los estados nacionales para originar demandas que pongan en movimiento mecanismos y conseguir los efectos destructivos para la familia y sociedad perseguidos por la ideología de Género. [105]

8.2.- Hombre y mujer son complementarios.

La igualdad entre los seres humanos debe dejar que cada uno desarrolle de forma autónoma y libre su plan de vida.

Sin embargo, la existencia de los sexos conlleva diferencias que hacen pertenecer al sexo femenino o al masculino. Este hecho, crea una especie de tensión entre el concepto de igualdad, que presupone semejanza o equivalencia, y el sexo que conlleva diferencias mutuas.

Entonces:

¿Cómo hablar de la igualdad entre sexos masculino y femenino que se definen como tales precisamente a partir de sus diferencias?

Desde la "*teoría de la semejanza/diferencia*", se plantean

---

[105] Ver punto 6.1.6.1.- ¿Qué pretende la ideología de género?

dos alternativas para alcanzar la igualdad:

La primera de ellas, basada en la semejanza, plantea "*ser como los hombres*". Esta forma no puede ser igualadora, dado que cuando una mujer reclame algún derecho, lleva a pensar que se quiere igualar al hombre usurpándole su lugar.

La una segunda, basada en la diferencia: "*ser diferente a los hombres*". Cuando se ha querido "*proteger*" a las mujeres en nombre de las diferencias, muchas veces redundó en una limitación de derechos. Como en el caso de leyes que protegen a las mujeres embarazadas y madres y que establecen la licencia pre y post natal. A simple vista, este es un gran beneficio, sin embargo, es perjudicial cuando los empleadores prefieren contratar hombres y no mujeres en edad reproductiva.

¿Cómo abordar el asunto de la igualdad?

En el punto 6.1.1.- al tratar la igualdad, se menciona que las posturas que pretenden reducir el problema de la igualdad a una cuestión de identidad, son erróneas; los seres humanos no somos idénticos.

La igualdad no es una afirmación sobre la identidad o ni sobre ciertas cualidades humanas, sino una proposición normativa de la forma en que *deben ser* tratadas dichas cualidades.

La igualdad como identidad es puramente descriptiva, sin relación con lo prescriptivo.

Desde la perspectiva de los derechos humanos, la igualdad no es descriptiva de la realidad, es decir, no se presenta en términos de "*ser*", sino de "*deber ser*"; la igualdad no es un hecho, sino un valor establecido precisamente ante el reconocimiento de la diversidad humana.

No se trata de una diferencia, sino de una *disyunción*. La vida humana existe *disyuntivamente*: se es varón o mujer, y ambos consisten en su referencia recíproca intrínseca: ser varón es estar referido a la mujer, y ser mujer significa estar referida al varón. No pueden definirse aisladamente.

Hombre y mujer no son iguales, pero las diferencias no los hacen superiores ni inferiores al otro; los hacen complementarios. De tal desigualdad y complementariedad surgen motivos para abandonar las rivalidades y ser un equipo en el que tanto el hombre como la mujer valen y son igual de importantes.

Por eso, no hay mera diferencia, sino disyunción, polaridad y complementariedad.

El hombre y la mujer son complementarios, no son iguales, pero deben ser tratados como iguales.

Bibliografía.

Alonso Pérez, M. (2005) Doscientos años del Code civil des Français en USC (1804-2004). *Catálogo de la Exposición celebrada en la Biblioteca Concepción Arenal de la Universidad de Santiago de Compostela.* ADC, tomo LX, 2007, fasc. II. https://www.boe.es/biblioteca_juridica/anuarios_derecho/abrir_pdf.

Allen, A. (1999) *The Power of Feminist Theory.* Boulder, CO: Westview Press.

Allen, A. (2005) Feminist Perspectives on Power. *Stanford Encyclopedia of Philosophy. (Spring 2011 Edition).* http://plato.stanford. edu/entries/feminist-power/.

Allen, Amy. (1998b.) *Rethinking Power.* Editorial Hypatia.

Amorós, C. (1990) El feminismo: senda no transitada de la Ilustración. *Revista Isegoría.*

Amorós, C. (1994) *Historia de la teoría feminista.* Instituto de Investigaciones Feministas de la Universidad Complutense de Madrid y consejería de Presidencia. *Dirección General de la Mujer,* Madrid.

Anderson, B.S.; Zinsser, J.P. (1991) *Historia de las mujeres: una historia propia.* España. Editorial Crítica.

Arendt, H. (2005) *Sobre la violencia,* Madrid. Editorial Alianza.

Audí Parera, L. (2015) III Curso de Actualización sobre Desarrollo Sexual Diferente (DSD) (no HSC) Laura Audí Parera (Coordinadora) *Sociedad Española de Endocrinología Pediátrica. Diciembre 2015, VOLUMEN 6 / SUPLEMENTO 2.* https://www.endocrinologia pediatrica. org/revistas/P1-E17/P1-E17-ES.pdf

AWID – Association for Women's Rights in Development (2007) Financial Sustainability for *Women's Movements Worldwide.* 2nd Fundher Report. Toronto and Mexico City: *AWID.*

Bacigalupo, E. (1994) *Lineamientos de la teoría del delito*. 3ª Edición. Buenos Aires, Hammurabi.

Banaszak, L.A. (2003) The Women's Movements policy successes and the constraints of state reconfiguration: Abortion and equal pay in differing eras. In: Banaszak, L.A.; Beckwith, K.; Rucht, D. (eds) *Women's Movements Facing the Reconfigured State*. Cambridge: Cambridge University Press.

Bassnett, C. (1997) *With a Little Help from Our (New) Friends*? Ed. Mute.

Batliwala, S. (1997) El significado del empoderamiento de las mujeres: nuevos conceptos desde la acción. En *Poder y empoderamiento de las mujeres*. Santafé de Bogotá: TM Editores. https://ivcongreso.congresoed.org/wp-content/uploads/ 2014/10/D4_Batliwala_1997.pdf

Beauvoir, Simone de (2018) *El segundo sexo*. Editorial Lumen.

Bebel Auguste (1980) *La mujer y el socialismo*. Madrid. Ediciones Júcar, 1980.

Beltrán, E.; Maquieira, V. (2005) *Feminismos. Debates Teóricos Contemporáneos*. Madrid. Alianza Editorial.

Blackstone, A. (2009). Men's Movements. *En J. O'Brien*, 546-548. *Encyclopedia of Gender & Society*. Thousand Oaks. SAGE Publications Ltd.

Bobbio, N. (1993) *Igualdad y libertad*, Aragón Rincón, P (trad.). Barcelona. Paidós.

Bock, G. (2001) *La mujer en la historia de Europa. De la Edad Media a nuestros días*. Editorial Crítica – Grijalbo Mondadori (La contrucción de Europa)

Bonet-Martí, J. (2020) Análisis de las estrategias discursivas empleadas en la construcción de discurso antifeminista en redes sociales. *Psicoperspectivas, Vol. 19. N° 3*. https://www.scielo.cl/scielo. php?pid=S0718-69242020000 300052& script=sci_arttext#B10

Bryson, V. (1999) Patriarchy: A concept too useful to lose. *Contemporary Politics*. Vol. V. Nº 4.

Buompadre, J.E. (2016) *Violencia de género, femicidio y Derecho penal*. Editorial Astrea.

Bustamante, B.; Guariniello, D.; Serra, L.; Urtasun, M. (2022) Homicidios dolosos (Sistema de Alerta Temprana – Homicidios dolosos. *Ministerio de Seguridad. Secretaria de Seguridad y Política Criminal. Dirección Nacional de Estadística Criminal*. https://estadisticas criminales.minseg.gob.ar/ reports/ Infor me_Homicidios_Dolosos.pdf

Butler, J. (1990) *Gender Trouble: Feminism and the Subversion of Identity*. Routledge

Butler, J. (2004) *Undoing Gender*. Nueva York. Routledge. Taylor and Francis Group.

Butler, J. (2007*): El Género en disputa. El feminismo y la subversión de la identidad,* Barcelona. Editorial Paidós.

Caldevilla Rodríguez, C. (2017) El género gramatical en español. Máster Universitario Internacional en Lengua Española y Lingüística. *Centro Internacional de Postgrado. Universidad de Oviedo.* https://digibuo.uniovi.es/dspace/bitstream/handle/   10651/43526/TFM _Caldevilla%20Rodr%EDguez.pdf;jsessionid=CF81DADD9E20DD48 C5D2244A94D18FD9?sequence=3

Calsamiglia, A. (1989) Sobre el Principio de Igualdad. En Muguerza Carpintier, J.; Peces-Barba Martínez, G.: *El Fundamento de los Derechos Humanos*. Madrid. Editorial Debate.

Canterla, C. (2006) Nación y constitución: de la Ilustración al liberalismo. España. Sevilla: *Junta de Andalucía. Consejería de Innovación, Ciencia y Empresa: Universidad Pablo de Olavide: Sociedad Española de Estudios del Siglo XVIII*.

Carothers, B. Reis, H. (2013) Men and Women Are From Earth: Examining the Latent Structure of Gender., *Journal of Personality and Social Psychology*. Vol. 104, N° 2.

Castañeda Rivas, M.L. (2005) La evolución del divorcio en el Código de Napoleón. Facultad de Derecho. *Biblioteca Jurídica Virtual del Instituto de Investigaciones Jurídicas de la UNAM.* https://archivos.juridicas.unam.mx/www/bjv/libros/10/459 2 /9.pdf

Castro, A. (1945) Antonio Guevara: Un hombre y un estilo del siglo XVI. *Universidad de Princeton. Thesaurus. Tomo I. Núm. 1* (1945). Centro Virtual Cervantes. https://cvc.cervantes.es/lengua/thesaurus/pdf/01/ TH_01_001_046_0.pdf

Cavana, M.L.P. (1991) Sobre el mejoramiento civil de las mujeres. Theodor Gottlieb Von Hippel o las contradicciones de la Ilustración. *Minerva. Agora 10. Universidad de Santiago de Compostela.*

Centro de estudios para la producción XXI Empleo femenino y composición sectorial en Argentina 2007-2021 *Centro de estudios para la producción XXI. Ministerio de Desarrollo Productivo. Argentina.* https://www.argentina.gob. ar/ sites/defa ult/ files/2021 /09/empleo_femenino_y_composicion_ sectorial.pdf

CEPAL-OIT (2019) Coyuntura Laboral en América Latina y el Caribe. Evolución y perspectivas de la participación laboral femenina en América Latina. *Publicación de las Naciones Unidas.* https://repositorio.cepal.org/bitstream/handle/11362/44916/S1900833 _es.pdf

Chasin, A. (2000) *Selling Out. The Gay and Lesbian Movement Goes to Market*. New York: St. Martin's Press.

Ciriza, A. (2000) A propósito de Jean Jacques Rousseau Contrato, educación y subjetividad. En Boron, A.A. (Comp.) La filosofía política moderna. De Hobbes a Marx. *Consejo Latinoamericano de Ciencias Sociales. CLACSO*.

Cobo, Rosa. (2019) La cuarta ola feminista y la violencia sexual. España. *Paradigma. Revista Interuniversitaria de cultura*. Universidad de Navarra.

Comunicación Poder Judicial de España. (21 de diciembre de 2021) El informe sobre víctimas mortales de violencia de género en 2020 revela la incidencia de la pandemia: 4 asesinatos en los 99 días de confinamiento frente a los 42 del resto del año. https://www.poderjudicial.es/cgpj/es/Poder-Judicial/En-Portada /El-informe-sobre-victimas-mortales-de-violencia-de-genero-en-2020-revela-la-incidencia-de-la-pandemia--4-asesinatos-en-los-99-dias-de-confinamiento-frente-a-los-42-del-resto-del-ano-

Conde Morelos Zaragoza, T.M.; Vazquez Solis, V.; Rostagnol Dalmas, S.M.; Hooft, A. (2002) Cuidados de los hijos y actividades domésticas en parejas con doble carrera en Montevideo. *Entreciencias: Diálogos en la sociedad del conocimiento.* https://www.scielo.org.mx/scielo.php?pid=S2007-806420180003000 55& scrip =sci_arttext

Corleto OAR, R. W. (2006) La mujer en la Edad Media. *Revista Teología*. Tomo XLIII.

Darnton, R. (2006) *La gran matanza de gatos y otros episodios en la historia de la cultura francesa*. México DF. Fondo de Cultura Económica, México.

Declaración de líderes del G20 (2018) *Construyendo concenso para un desarrollo equitativo y sostenible*. Argentina. https://www.argentina.gob.ar/sites/default/files/declaracion_de_lideres_de_buenos_aires.pdf

De Gouges, O. (1989) Los derechos de la mujer y la ciudadana. En Alonso, I. y Belinchon, M. (Eds.): *1789-1783. La voz de las mujeres en la Revolución Francesa. Cuadernos de Quejas y otros textos*. Barcelona. LaSal Edicions de les Dones.

De Juan, J.; García-Irles, M.; Pérez-Cañaveras, R.M.; y Mengual, R. (2001) Influencia del sistema visual en la reproducción de los peces. En S. Zamora, B. Agulleiro y P. García (eds.): *Acuicultura I: Biología Marina. Reproducción y desarrollo*. Murcia. Editorial Universidad de Murcia.

De la Fuente Vázquez, M. (2013) Poder y feminismo: Elementos para una teoría política. Tesis doctoral, Directora: Encarna Bodelón

González. Departament de Ciència Política i Dret Públic. Facultat de Ciències Polítiques i Sociologia. Universitat Autònoma de Barcelona. https://www.tdx.cat/handle/10803/121648

De Miguel, A. (2005). *La construcción de un marco feminista de interpretación: La violencia de género*. Madrid. Cuadernos de Trabajo Social. Vol. 18. Universidad Complutense.

De Miguel, Ana. (2002). Feminismos. En Celia. Amorós. (Dir.). *10 palabras clave sobre mujer*. Pamplona: Editorial Verbo Divino.

Delphy, Christine. 1982. *Por un feminismo materialista. El Enemigo principal y otros textos*. Madrid. Editorial LaSal.

Díaz de Rábano Hernández, C. (1992) De vírgenes a demonios: las mujeres y la Iglesia durante la Edad Media. *Dossiers femenistes*, 2, pp.107-130.

Dillard, H., (1993). "Las viudas de la Reconquista, un grupo numeroso". En Dillard, Heath: *La mujer en la Reconquista*. Madrid. Editorial Nerea S.A.

Dillard, H., (1993). Novias, bodas y vínculos matrimoniales. En Dillard, Heath: *La mujer en la Reconquista*; Madrid. Editorial Nerea S.A.

Diotima (1995) *Oltre l'uguaglianza: le radici femminili dell'autorità*. Napoles Liguori.

Dupuis-Déri, F. (2013). L'antiféminisme d'État. *Lien social et Politiques*, *69*, 163-180. https://doi.org/10.7202/1016490ar

Dupuis-Déri, F. (2015). Postféminisme et antiféminisme. Dans D. Lamoureux, D.; F. Dupuis-Déri, F. *Antiféminismes. Analyse d'un discours réactionnaire*. Montréal: Les éditions du remue-ménage.

Dupuis-Déri, F. (2018). *La crise de la masculinité*. Montréal. Les Éditions de remue-ménage.

Dussauge, I.; Kaiser, A. (2012) Neuroscience and Sex/Gender. *Neuroethics*.

Engels, F. (1884) *Origen de la familia, la propiedad privada y el estado*. Fuente de la traducción al castellano: Editorial Progreso, Moscú. Edición digital: Archivo Marx-Engels de la Sección en Español del Marxists Internet Archive (www.marxists.org) 2000, 2012.

Evans, R. J. (1980) *Las feministas. Los movimientos de emancipación de la mujer en Europa, América y Australia 1840-1920*. Editorial: Siglo XXI de España. Editores, S.A.

Faludi, S. (1991) *Backlash: The undeclared war against American women*. Crown Publishing Group.

Figari, R.E. (2014) Homicidio agravado (Femicidio) Revista Pensamiento Penal. https://www.pensamientopenal.com.ar/comentadas/38448-art-80-inc-11-femicidio

Firestine, S. (1976) *La dialéctica del sexo: en defensa de la revolución feminista*. Barcelona. Kairós D. L.

Flexner, L.; Fitzpatrick, E- (1996) Century of Struggle. The Woman's Rights Movement in the United States, Harvard University Press.

Foucault, M. (1978) *Historia de la sexualidad* vol. I. Mexico DF: Siglo XXI Editores.

Foucault, M. (1999a) *Estrategias de Poder,* Barcelona: Editorial Paidós.

Foucault, M. (1999b) *Vigilar y castigar,* Madrid. Círculo de Lectores.

Fraisse, G. (2016) *Los excesos del género*. Madrid. Cátedra.

Fray Luis de León (1584) *La perfecta casada.* A doña María Varela Osorio. Biblioteca Virtual Miguel de Cervantes, https://www.cervantes virtual.com/obra-visor/la-perfecta-casada--0/html/01e93f60-82b2-11df-acc7-002185ce6064_2.html

Freedman, E. (2007). No turning back: The history of feminism and the future of women. Ed. Ballantine Books.

Fuente Vázquez, M de la (2013) Poder y feminismo: Elementos para una teoría política. Tesis doctoral. Directora: Encarna Bodelón González. Departament de Ciència Política i Dret Públic. Facultat de Ciències Polítiques i Sociologia. Universitat Autònoma de Barcelona. https://www.tdx.cat/bitstream/handle/ 10803/ 121648/ mfv1de1.pdf? sequence

Fuller, S.M. (1996) *El gran proceso judicial. El hombre frente a los hombres. La mujer frente a las mujeres* (1843), trad. C. Muñoz-Torrero Villegas, Universidad de León-Secretariado de Publicaciones, León.

Gago Gelado, R. (2019) *Ciberfeminismo en España: discurso teórico y prácticas digitales.* San Vicente del Raspeig: Publicaciones de la Universidad de Alicante.

Galascio, M.A. (10-01-2013) La ideología como mecanismo de control (I) Consultado el 27-09-2020, de https://www.teldeactualidad.com/heme roteca/articulo/opinion/2013/01/10/8259.html

Gilligan, C. (1982) *In a different voice*. Harvard University Press.

Gómez, A. (2004) *La estirpe maldita. La construcción científica de lo femenino*. Madrid: Minerva ediciones.

González Núñez, J.; Guzmán Bize, M.N. (2020) Doctrina – Femicidio y otras agravantes en razón de género. Un análisis crítico de las reformas introducidas al art. 80 del C.P. por la ley 26.791. Actualidad Jurídica. https://actualidadjuridicaonline. com/ doctrina-femicidio-y-otras-agravantes-en-razon-del-genero-un-analisis-critico-de-las-reformas-introducidas-al-art-80-del-c-p-por-ley-26-791/

Gooren, L. (2006) The Biology of human psychosexual differentiation. *Hormones and Behavior.*

Guevara, Antonio de. (1529) "Relox de Príncipes". Versión de Emilio Blanco publicada por la Biblioteca Castro de la Fundación José Antonio de Castro. Capítuo XXXIV. https://www.filosofia.org /cla/gue/guerp215.htm

Gutiérrez, J.I. (2014). El seudónimo masculino y la androginización de la mujer escritora. HyA Ediciones.

Hartmann, H. (1980) Un matrimonio mal avenido: hacia una unión más progresiva entre marxismo y feminismo. Revista Zona Abierta, 1980.

Heath, R.; Jayachandran, S. (2016). The causes and consequences of increased female education and labor force participation in developing countries. Cambridge: *National Bureau of Economic Research.*

Held, D. (1995) *Justice and Care: Essential Readings in Feminist Ethics.* Westview Press.

Hogg, M.A.; Vaughan, G.M. (2010). Psicología social. Madrid. Editorial Panamericana.

Hunter, J. (1861) *Essays and observations* on Natural History, Anatomy, Physiology, Psychology and Geology. Volume 1. Londres. Editor J. Van Voorst 1869.

Jaureguy, Martina (09-01.2022) Cómo se usó el presupuesto del Ministerio de las Mujeres en 2021. Diario Buenos Aires *Económico (BAE)* https://www.baenegocios.com/ economia/Como-se-uso-el-presupuesto-del-Ministerio-de-las-Mujeres-en-2021-20220109-0001.html

Johnson, A. (1997) *The Gender Knot. Unraveling our Patriarchal Legacy.* Filadelfia. Temple University Press.

Kabeer, N. (1997) Empoderamiento desde abajo: ¿Qué podemos aprender de las organizaciones de base? En *Poder y empoderamiento de las mujeres.* León, M Compiladora. Santafé de Bogotá. TM Editores. https://biblioteca iztapalapauin.files. wordpress .com/2018/07/podermujer2.pdf

Kant, I. (1978) *Antropología en sentido práctico.* Buenos Aires: Editorial Losada.

Kant, I. (1993) *Teoría y Práctica.* Madrid. Tecnos.

Lafferriere, J.N. (2021) Ley de aborto comentada. Análisis crítico de la ley 27.610. Centro de Bioética, Persona y Familia. http://www.sadeccanonico.com.ar/documentos/Ley%20de%20Aborto %20en%20Argentina%20comentada.pdf

Laje, A. (2017) El patriarcado no existe. Prensa Republicana. https:/ /prensarepublicana.com/patriarcado-no-existe-agustin-laje/

Lamoureux, D.; Dupuis-Déri, F. (2015). *Antiféminismes. Analyse d'un discours réactionnaire.* Montréal: Les éditions du remue-ménage.

Laporta, F. (1985) El Principio de Igualdad: Introducción a su Análisis. *Sistema, Revista de Ciencias Sociales.* N° 67.

Latorre Ariño, M. (2019) Ideología de género. *Revista sobre Educación y Sociedad.* Revista EDUCAUMCH. 14 (1)

LeVine, R. A. (1990) Gender differences: Interpreting anthropological data. In Malkah, T.N.; Nadelson, C.C. (eds.) *Women and Men: New Perspectives on Gender Differences.* Washington DC. American Psychiatric Press.

Librería de Mujeres de Milán. (2006) *La cultura patas arriba: selección de la revista Sottosopra (1973-1996).* Madrid. Editorial Horas y Horas.

Lindsey, L. (2015) *Gender Roles: A Sociological Perspective.* Londres-Nueva York Routledge.

López Zafra, E. (2007) El componente cultural de la violencia. En J. Francisco Morales (coord.) *Psicología Social.* Madrid. McGraw Hill.

Machuca, F. (2021) *¿Qué es el lenguaje inclusivo? ¿Por qué usarlo y cómo usarlo?* https://www.crehana.com/blog/negocios/que-es-el-lenguaje-inclusivo/

Macionis, J.; Plummer, K. (2011) *Sociología.* Madrid. 4ta edición. Editorial Pearson Educación.

Mackinnon, C. (2000) Feminismo, marxismo y roles de poder. En Dalton, C. *Fundamentos del feminismos y teorías feministas.* México: Universidad Autónoma de México.

Mansbridge, J. (2005) Feminism and democracy. En Anne Phillips (ed)*: Feminism and politics.* Londres*:* Oxford University Press.

Martín Gamero, A. (2002) *Antología del feminismo.* Incorporado a la Colección Hypatria, Directora Amelia Valcárcel. Instituto andaluz de la mujer, Directora Teresa Jiménez Vílchez. https://www.juntadeandalucia.es/iam/catalogo/doc/iam/2002/14

Mazur, A.G.; McBride, D.E. (2008) State feminism. dans Gary Goertz, G.; Mazur, A.G. (dir.). *Politics, Gender and Concepts: Theory and Methodology.* Cambridge, Cambridge University Press.

McBride, D.E.; Mazur, A. (2010) The Politics of State Feminism. Innovations in Comparative Research. Philadelphia: Temple University Press.

Mead, Margaret. 2001 (orig. 1935). *Growing up in New Guinea.* New York. HarperCollins.

Medina-Vicent, M. (2016) Neurociencia y teoría política feminista. La inestabilidad sexo-género-sexualidad a través de la obra de Paul B. Preciado. *Pensamiento. Revista de Investigación e Información Filosófica.* Vol. 72.

Mendoza, B. (2014) *Ensayos de crítica feminista en Nuestra América.* México: Herder Editorial.

Meyer, D. S.; Staggenborg, S. (1996) Movements, Countermovements and the Structure of Political Opportunities. *American Journal of Sociology.*

Mill, J. (1997) *Ensayos sobre Derecho y Política.* Traducción Víctor Méndez Baiges. Editor Manuel Escamilla Castillo. Colección Filosofía del Derecho.

Mill, J. S.; Taylor, H. (1858) "Primeros ensayos sobre matrimonio y divorcio" (1858) en ID. (2001) *Ensayos sobre la igualdad sexual,* traducción C. Martínez Gimeno. Madrid. Cátedra-Instituto de la Mujer.

Millett, K. (2010) *Política sexual.* Madrid. Editorial Cátedra.

Miyares, A. (1994) El sufragismo. En Amorós, C. *Historia de la teoría feminista.* Instituto de Investigaciones Feministas de la Universidad Complutense de Madrid y consejería de Presidencia. Dirección General de la Mujer, Madrid.

Money, J. (1981) The development of sexuality and eroticism in humankind. The Quarterly Review of Biology.

Money, J. (1991) The sexological concept of bipotentiality, *Experimental and Clinical Endocrinology & Diabetes.*

Morton, S. (2019). Stop Era 1972–1982. In Bystrom, D.G.; Burell, B.C. *Women in the American Political System: An Encyclopedia of Women as Voters, Candidates, and Office Holders.* Santa Barbara. California. ABC-CLIO.

Nabhan, Z.M. y Lee, P.A. (2007) Disorders of sex Development. *Curr Opin Obstet Gynecol.*

Nash, M. (2004) *Mujeres en el mundo. Historia, retos y movimientos.* Barcelona. Editorial Alianza.

Nuñez Valdés, J.; Rodríguez Arévalo, M.L. (2011) Intelectualmente luchadoras desde hace siglos. III Congreso Universitario Nacional Investigación y Género. *Depósito de investigación. Universidad de Sevilla.*

ONU Mujeres (2021) Hechos y cifras: Liderazgo y participación política de las mujeres. Consultado el 02.09-2022, de https://www.unwomen .org/es/what-we-do/leadership-and-political-participation/facts-and-figures

Osborne, R. (2005). Debates en torno al Feminismo Cultural. En Amorós, C. y de Miguel, A. (Eds.).*Teoría feminista: de la Ilustración a la globalización.* Volumen 2, capítulo 7. Madrid. Editorial Minerva.

Pages, C. y C. Piras (2010) El dividendo de género. Cómo capitalizar el trabajo de las mujeres, Nueva York. *Banco Interamericano de Desarrollo.*

Pateman, C. (1988) *El contrato sexual.* Barcelona. Editorial Anthropos.

Peces-Barba Martínez, G. (2001) "Primera parte: Fundamentos ideológicos y elaboración de la Declaración de 1789", *En Historia de los Derechos Fundamentales.* Tomo II: Siglo XVIII. Volumen III. El Derecho positivo de los derechos humanos. Derechos humanos y comunidad internacional: los orígenes del sistema. G. Peces-Barba Martínez, E. Fernández García y R. de Asís Roig (dirs.) Madrid. Dykinson. Instituto de Derechos Humanos "Bartolomé de las Casas" de la Universidad Carlos III de Madrid.

Peiró, C. (14-06-2021) Lenguaje pseudo inclusivo Los académicos salen al cruce del absurdo lingüístico e ideológico. Del Fuego Noticias. https://www.delfuegonoticias.com.ar/opiniones/claudia-peiro-28/lenguaje-seudo-inclusivo-77

Peiró, C. (29-09-2022) Esterilización adolescente: el Ministerio de Salud promueve la vasectomía y la ligadura de trompas desde los 16 años. Infobae. https://www.infobae.com/opinion/2022/09/29/esterilizacion-adolescente-el-ministerio-de-salud-promueve-la-vasectomia-y-la-ligadura-de-trompas-desde-los-16-anos/

Peiró, C. (27-11-2022) El antinatalismo es el único "éxito" de esta gestión: 250 mil nacimientos menos por año en Argentina. Infobae. https://www.infobae.com/opinion/2022/11/27/el-antinatalismo-es-el-unico-exito-de-esta-gestion-250-mil-nacimientos-menos-por-ano-en-argentina/?outputType=amp-type

Pérez Jaime, B.; Amadeo, J. (2000) El concepto de libertad en las teorías políticas de Kant, Hegel y Marx. En Boron, A.A. (Comp.) *La filosofía política moderna. De Hobbes a Marx.* Consejo Latinoamericano de Ciencias Sociales. CLACSO.

Pérez, M. (2007) *Historia del feminismo y vindicación de los derechos de las mujeres.* Sevilla: Universidad de Sevilla.

php?id=ANU-C-2007-20084900892

Pisan, Christine de. (1405) La Ciudad de las Damas. Traducción del francés de Marie-José Lemarchand. 2001. Madrid, Ediciones Siruela, 2001 (Biblioteca Medieval, VII)

Pizarro, N. (2006). Neoconservadores católicos. *La sociología en sus escenarios.* Editorial Centro de estudios de opinión del Departamento de Sociología de la Facultad de Ciencias Sociales y Humanas de la Universidad de Antioquia.

Plötz, J. S. (2017). Gender gap developments in tertiary education: a cross-country timeseries analysis on European level. Dissertation submitted in partial fulfilment of requirements for the MSc in Economics, at the Universidade Católica Portuguesa, 03.04.2017. https://repositorio.ucp.pt/bitstream/ 10400.14/22361/1/Ploetz_Ploetz _Julia_Gender_Gap_Developments_In_Tertiary_Educational_Enrollm ent%20PDFA.pdf

Poullain de la Barre, François (1673) De l'Égalité des deux sexes, discours physique et moral où l'on voit l'importance de se défaire des préjugez. Paris. Consultado el 28-07-2022, de J. Du Puis. https://seminarioatap.files.wordpress.com/2013/01/la-igualdad-de-los -sexos.pdf

Preciado, B. (2000). *Manifiesto contrasexual.* Barcelona, España: Anagrama.

Presupuesto 2021: el primer Presupuesto con Perspectiva de Género y Diversidad. Mimisterio de Economía. Secretaría de Política Económica. Dirección Nacional de Economía, Igualdad y Género. https://www.argentina.gob.ar/sites/default/files/presupuesto_2021- el_primer_presupuesto_con_perspectiva_de_genero_y_diversidad_1. pdf

Prieto Sanchís, L. (1995). "Igualdad y minorías. Derechos y Libertades. Madrid. *Revista del Instituto de Derechos Humanos Bartolomé de las Casas.* Universidad Carlos III.

RAE – ASALE. (2010) *Manual de la nueva gramática de la lengua española.* Madrid. Unigraf SL.

Rayos Garcia (2021) La ideología de género y familia. *Bioeticaweb.* https://www.bioeticaweb.com/la-ideologia-de-genero-y-la-familia/

(Re) Nombrar. Guía para una comunicación con perspectiva de género. (2020) Ministerio de las Mujeres, Géneros y Diversidad de la República Argentina. Ministra Ab. Elizabeth Gómez Alcorta. https://www.argentina.gob.ar/sites/default/files/guia_para_una_comun icacion_con_perspectiva_de_genero_-_mmgyd_y_presidencia_de_la _ nacion.pdf4113639.pdf

Richardson, D. (2005) Desiring sameness? The rise of a neoliberal politics of normalization. *Antipode* 37.

Rippon, G.; Jordan-Young, R.; Kaiser, A.; Fine, C. (2014) Recommendations for Sex/Gender Neuroimaging Research: Key Principles and Implications for Research Design, Analysis, and Interpretation. *Frontiers in Human Neuroscience.*

Rivera Garretas, M. (2003) *Mujeres en relación: feminismo 1970-2000.* Barcelona. Editorial Icaria.

Rodríguez Palop, M.E. (2008) La lucha por los derechos de las mujeres en el siglo XIX. Escenarios, teorías, movimientos y acciones relevantes en el ámbito angloamericano. Madrid- Editorial Dykinson.

Rousseau, J.J. (1984) *Pensamientos*, Vol. II. Madrid. Imprenta de D.M. de Burgos.

Rousseau, Jean-Jacques. (1762) Emilio o la Educación. México Año 2010. Universidad Veracruzana

Rowbotham, S. (1978) Feminismo y revolución. Madrid. Editorial Debate. https://www.legisver.gob.mx/equidad Notas/publicacionLXIII/Sheila%20Rowbotham%20-%20Feminismo% 20 y % 20 revoluci%C3%B3n%20(Tribuna%20 Feminista,%20197 8) .pdf

Salvador, G.; Lodares, J.R. (1996) X. Matemática, enigmática y aristocrática. *Historia de las letras*, Madrid, Espasa Calpe.

Segura Graíño, C. (1988) Posibilidades jurídicas de las mujeres para acceder al trabajo. En Muñoz Fernández, A. y Segura Graíño, C. (Eds.), *El trabajo de las mujeres en la Edad Media hispana*. Madrid. Asociación Cultural Al-Mudayna.

Squires, Judith. 2000. *Gender in Political Theory*. Londres. Wiley-Blackwell.

Stanton, E.C. (1997) *La Biblia de la mujer. Parte I* (1895), *Parte II* (1898), trad. Padilla Rodríguez, J.T.; López Pérez, M.V. Madrid. Ed. Cátedra.

Stoffel, S. (2007) *Does state feminism contribute to state retrenchment in the field of women's rights? The case of Chile since the return of democracy*. Helsinki. European Consortium for Political Research: 7–12.

TELAM Digital (2020) Se duplicó la presencia de mujeres en cargos jerárquicos en la administración pública nacional. https://www.telam.com.ar/notas/202007/494835-se-duplico-la-presencia-de-mujeres-en-cargos-jerarquicos-en-la-administracion-publica-nacional.html

Thompson, W.; Doyle Wheeler, A. (2000) La demanda de la mitad de la raza humana, las mujeres. España. Editorial Comares.

Tristán, F. (1844) Por qué menciono a las mujeres. En *Unión Obrera*, Capítulo III. Primera Edición. Ciudad de México. Partido de la Revolición Democrática, 2018. https: //mail.prd.org.mx/libros/documentos/libros/Union-obrera-Tristan.pdf

UNESCO (2019) Women in Science. UNESCO Fact Sheet No. 55 June 2019 FS/2019/SCI/55

UNESCO (2020a) Global Education Monitoring Report 2020: Gender Report, A New Generation: 25 Years of Efforts for Gender Equality in Education. *UNESCO*. Paris.

UNESCO (2021) Mujeres en la educación superior: ¿la ventaja femenina ha puesto fin a las desigualdades de género? Organización de las Naciones Unidas para la Educación, la Ciencia y la Cultura; Instituto Internacional de la UNESCO para la Educación Superior en América Latina y el Caribe (IESALC) https://www.iesalc.unesco.org/wp-content/uploads/2021/03/Las-mujeres-en-la-educacio%CC%81n-superior_12-03-21.pdf

Vacca, L.; Coppolecchia, F. (2012) Una crítica feminista al derecho a partir de la noción de bipoder de Foucault. *Páginas de filosofía*, Año XIII, N°16. https://dialnet.unirioja.es/ servlet/articulo?codigo=5037660

Valcárcel, A. (2001) "Lamemoria colectiva y los retos del feminismo"Editorial Cepal.

Varela, N. (2018). *Feminismo para principiantes*. Barcelona. Penguin Random House. Grupo Editorial.

Várnagy, T. (2000) El pensamiento político de John Locke y el surgimiento del liberalismo. En Boron, A.A. (Comp.) *La filosofía política moderna. De Hobbes a Marx*. Consejo Latinoamericano de Ciencias Sociales. CLACSO.

Vera, L.; Coppolecchia, F. (2012) Una crítica feminista al derecho a partir de la noción de biopoder de Foucault. *Páginas de Filosofía, Año XIII, Nº 16*. https://dialnet.unirioja.es/ servlet/articulo?codigo=5037660

Vidal, C. (2019). *Conferencia de Congreso Iberoamericano por la Vida y la familia, en Panamá, 2019*. http://www.youtube.com/watch?v= WGV BOKnBBfM

Villavicencio Miranda, L. (2018) Justicia social y el principio de igualdad. *Hybris. Revista de Filosofía. Vol. 9, N° Especial: Debates contemporáneos sobre Justicia Social.*

Vives, J.L. (1524) *La instrucción de la mujer Cristiana (De Institutione Feminae Christianae) Biblioteca Valenciana. Ministerio de Cultura y Deporte de España*. https:// bivaldi.gva.es/es/corpus/unidad.do ?idCorpus=1&idUnidad=10068&posicion=1

Williams, T.M.; Wolniak, G. C. (2021) Unpacking the Female Advantage in the Career and Economic Impacts of College. In N. S. Niemi, M. B. Weaver-Hightower (Eds.) The Wiley *Handbook of Gender Equity in Higher Education*. New York: John Wiley & Sons.

Woodward, A. (2003). Building velvet triangles: gender and informal governance. In Christiansen, T.; Piattoni,, S.: *Informal Governance in the European Union*. Cheltenham. Edward Elgar.

Zambrano, M. (1940) La mujer en el Renacimiento y La mujer en el Romanticismo. Conferencias pronunciadas el 19 y 24 de marzo de 1940, en Puerto Rico. *Revista Ultra*.

Zorrilla, A.M. (2020) El lenguaje inclusivo. Fundamentos de la posición académica. Consultado el 19-09-2022, de https://www.aal.edu.ar/ BID/bid118_AliciaMariaZorrilla_El-lenguaje-inclusivo_Fundamentos-posicion-academica.pdf; https://glotopolitica.com/2020/10/07/el-lengua je -inclusivo-fundamentos-de-la-posicion-academica/

Acerca del autor.

Dr. Luis Anunziato:

Es egresado de la Universidad de Buenos Aires, Especialista en Obstetricia y Ginecología. Jefe del Servicio de Trabajo Social en Obra Social de ENCOTEL (Actual OSPEC) Doctor en Medicina y Docente Autorizado de esa misma entidad. Se especializa en Medicina Legal y Medicina del Trabajo. Tiene experiencia docente como Profesor Extraordinario Adjunto en la Facultad de Ciencias Jurídicas, en la Cátedra de Técnicas Forenses de la Universidad del Salvador. Docente en la Facultad de Medicina, Cátedra de Medicina Legal y Deontología Médica de la Universidad de Buenos Aires. Profesor Adjunto en la Facultad de Ciencias Jurídicas y Sociales, en la Cátedra de Medicina Legal en el Instituto Universitario de la Policía Federal Argentina. Se ha desempeñado en las Comisiones Médicas de la Superintendencia de Riesgos del Trabajo. También ha dictado cursos de postgrado en la Universidad de Buenos Aires y en la Agremiación Médica de Lanús. Como autor, cuenta con más de treinta trabajos publicados y ha presentado ponencias sobre temas de su especialidad en congresos nacionales e internacionales. Ha publicado libros y obtenido tres premios por su destacada actuación.

www.ingramcontent.com/pod-product-compliance
Lightning Source LLC
Chambersburg PA
CBHW060914140726
47996CB00001B/248